EDUCAÇÃO NA DIVERSIDADE DE GÊNERO
A IMPORTÂNCIA DA REPRESENTATIVIDADE NA ACEITAÇÃO DE SI E DO OUTRO

Editora Appris Ltda.
1.ª Edição - Copyright© 2024 do autor
Direitos de Edição Reservados à Editora Appris Ltda.

Nenhuma parte desta obra poderá ser utilizada indevidamente, sem estar de acordo com a Lei nº 9.610/98. Se incorreções forem encontradas, serão de exclusiva responsabilidade de seus organizadores. Foi realizado o Depósito Legal na Fundação Biblioteca Nacional, de acordo com as Leis nºs 10.994, de 14/12/2004, e 12.192, de 14/01/2010.

Catalogação na Fonte
Elaborado por: Dayanne Leal Souza
Bibliotecária CRB 9/2162

N972e 2024	Nunes, E.
	Educação na diversidade de gênero: a importância da representatividade na aceitação de si e do outro / E. Nunes. – 1. ed. – Curitiba: Appris, 2024.
	106 p. ; 21 cm. – (Coleção Educação e Direitos Humanos: Diversidade de Gênero, Sexual e Étnico Racial).
	Inclui referências.
	ISBN 978-65-250-7035-3
	1. Educação. 2. Diversidade. 3. Identidade de gênero. 4. Representatividade. I. Nunes, E. II. Título. III. Série.
	CDD – 370.7

Livro de acordo com a normalização técnica da ABNT

Appris
editora

Editora e Livraria Appris Ltda.
Av. Manoel Ribas, 2265 – Mercês
Curitiba/PR – CEP: 80810-002
Tel. (41) 3156 - 4731
www.editoraappris.com.br

Printed in Brazil
Impresso no Brasil

E. Nunes

EDUCAÇÃO NA DIVERSIDADE DE GÊNERO

A IMPORTÂNCIA DA REPRESENTATIVIDADE NA
ACEITAÇÃO DE SI E DO OUTRO

Appris
editora

Curitiba, PR
2024

FICHA TÉCNICA

EDITORIAL   Augusto Coelho
Sara C. de Andrade Coelho

COMITÊ EDITORIAL   Ana El Achkar (Universo/RJ)
Andréa Barbosa Gouveia (UFPR)
Antonio Evangelista de Souza Netto (PUC-SP)
Belinda Cunha (UFPB)
Délton Winter de Carvalho (FMP)
Edson da Silva (UFVJM)
Eliete Correia dos Santos (UEPB)
Erineu Foerste (Ufes)
Fabiano Santos (UERJ-IESP)
Francinete Fernandes de Sousa (UEPB)
Francisco Carlos Duarte (PUCPR)
Francisco de Assis (Fiam-Faam-SP-Brasil)
Gláucia Figueiredo (UNIPAMPA/ UDELAR)
Jacques de Lima Ferreira (UNOESC)
Jean Carlos Gonçalves (UFPR)
José Wálter Nunes (UnB)
Junia de Vilhena (PUC-RIO)

Lucas Mesquita (UNILA)
Márcia Gonçalves (Unitau)
Maria Aparecida Barbosa (USP)
Maria Margarida de Andrade (Umack)
Marilda A. Behrens (PUCPR)
Marília Andrade Torales Campos (UFPR)
Marli Caetano
Patrícia L. Torres (PUCPR)
Paula Costa Mosca Macedo (UNIFESP)
Ramon Blanco (UNILA)
Roberta Ecleide Kelly (NEPE)
Roque Ismael da Costa Güllich (UFFS)
Sergio Gomes (UFRJ)
Tiago Gagliano Pinto Alberto (PUCPR)
Toni Reis (UP)
Valdomiro de Oliveira (UFPR)

SUPERVISORA EDITORIAL   Renata C. Lopes

PRODUÇÃO EDITORIAL   Sabrina Costa

REVISÃO   Raquel Fuchs Carvalho

DIAGRAMAÇÃO   Ana Beatriz Fonseca

CAPA   Kananda Ferreira

REVISÃO DE PROVA   Bianca Pechiski

COMITÊ CIENTÍFICO DA COLEÇÃO EDUCAÇÃO E DIREITOS HUMANOS: DIVERSIDADE DE GÊNERO, SEXUAL E ÉTNICO-RACIAL

DIREÇÃO CIENTÍFICA   Toni Reis

CONSULTORES   Daniel Manzoni (UFOP)

Belidson Dias (UBC Canadá)

Jaqueline Jesus (UNB)

Leonardo Lemos (Unicamp)

Wanderson Flor do Nascimento (UNB)

Marie Lissette (The American)

Guilherme Gomes (PUCRS)

Cleusa Silva (Unicamp)

Sérgio Junqueira
(Univ. Pontifícia Salesiana-Roma-Italia)

Alexandre Ferrari (UFF)

Araci Asinelli (UFPR)

Fabio Figueiredo (PUCMG)

Grazielle Tagliamento (USP)

Magda Chinaglia (Unicamp)

Miguel Gomes Filho (Faed-UFGD)

Tereza Cristina (UFBA)

Jucimeri Silveira (PUC-SP)

Marcelo Victor (UFMS)

Cristina Camara (IFCS/UFRJ)

Vera Marques (Unisinos)

Antonio Pádua (UFRJ)

Lindamir Casagrande (UTFPR)

Mario Bernardo (UFRJ)

Helena Queiroz
(Universidad de La Empresa-Montevidéu)

Moisés Lopes (UNB)

Marco José de Oliveira Duarte (UERJ)

Marcio Jose Ornat (UEPG)

AGRADECIMENTOS

Agradeço à família matriarcal que me criou, por ter me apresentado a tantas formas de masculinidade e feminilidade; e ao meu pai, por ser, de acordo com suas palavras, "50% homem, 50% mulher".

À professora doutora Adevanir Aparecida Ribeiro e à professora doutora Nara Nörnberg por terem me desconstruído para que, com o tempo, eu pudesse me formar.

À professora doutora Adriana Aparecida Furlan por ter orientado a pesquisa que deu origem a esta obra.

PREFÁCIO

Nós existimos, e somos importantes!

Quem pode produzir conhecimento? Quem está autorizado a falar de si e do outro? Esses questionamentos, que, em um primeiro momento, podem não fazer muito sentido, me levam a pensar sobre a questão da representatividade. Ora, sentir-se representado, ou representar, é muito sobre ter referências. E aqui, faço memória da minha infância e adolescência: a maioria dos espaços, sejam elas nos meios de comunicação social ou nas diferentes instituições, eram ocupadas por pessoas heterocisgêneras[1] (e brancas). As pessoas que estavam fora do espectro da heterocisgeneridade (pessoas LGBTQIAPN+, mas que eu, por uma opção conceitual, chamo de "dissidentes sexuais e de gênero"), estavam sempre à margem desses espaços, sejam eles sociais, políticos, midiáticos, culturais ou educacionais, espaços esses todos pensados por e para pessoas heterocisgêneras.

Ocorre que, nos últimos tempos, houve alguns pequenos avanços. E nós, dissidentes sexuais e de gêneros, começamos a ocupar os diferentes espaços sociais, pensando como eles poderiam ser modificados, para também atender os nossos interesses. Na área da produção do conhecimento, Michel Foucault é um dos pioneiros a trazer elementos importantes, que nos fazem pensar sobre como gêneros e sexualidades são socialmente construídos. Suas obras ainda hoje nos inspiram a continuar produzindo conhecimento nessa área. Na educação, temos várias pessoas dissidentes sexuais e de gênero, inclusive, como docentes em renomadas instituições de ensino superior brasileiras — cito aqui a Prof.ª Megg Rayara Gomes de Oliveira e a Prof.ª Jaqueline Gomes de Jesus, duas mulheres trans,

---

[1] Pessoas heterocisgêneras são aquelas que se identificam com o gênero que lhes foi atribuído ao nascer, e se relacionam de maneira física ou afetiva por pessoas do gênero oposto.

professoras, respectivamente, na Universidade Federal do Paraná, e no Instituto Federal do Rio de Janeiro. Na política, pela primeira vez, temos duas mulheres trans ocupando cadeiras na Câmara Federal: Erika Hilton e Duda Salabert. Agora, a ciência, a política e a educação, bem como outras áreas, começam a ser pensadas por nós, e para nós.

Contudo, as reações a esses pequenos avanços que tivemos vêm, e por meio de discursos que tentam deslegitimar nossas existências. Há expressões como "agora cada vez mais tem LGBTQIAPN+ na sociedade". Será que é só agora? Qual lugar nos era relegado tempos atrás? Quantos de nós viveram por anos "dentro do armário", por não termos referências e entendermos que nossas existências eram anormais ou erradas?

Essa e outras expressões me levam a pensar sobre o conceito de gênero. Será ele, realmente, uma categoria biológica? Será que, ainda hoje, podemos falar em "sexo biológico"? De qual perspectiva da biologia estamos falando? Não seria de uma que considera apenas (ou principalmente) a genitália como seu elemento constitutivo? Ou melhor, será que essa perspectiva abarca todos os seres humanos?

Ainda, pensando na perspectiva dos gêneroS e das sexualidadeS (sim, no plural, porque entendo que são múltiplas), será que não podemos pensar nelas para além de uma perspectiva binária (não binariedade)? Ou, será que não estamos reproduzindo aqui, a mesma ideia binária que temos na sociedade, onde tudo (ou quase tudo) é certo ou errado, bom ou mau? Enfim, será que, quando estamos falando de vidas humanas, precisamos, necessariamente, encaixar todas elas, em apenas duas possibilidades — homem ou mulher, masculino ou feminino? Como ficam as pessoas que se manifestam como não binárias, vamos categorizá-las como "não pessoas"? E as crianças intersexo, que nascem com elementos das genitálias que definimos como masculinas e femininas, vamos continuar mutilando seus corpos nos primeiros dias das suas vidas?

Dentro dessa perspectiva de mundo binária, a questão da língua também é um elemento importante a se pensar. Os discursos contra uma linguagem neutra ou inclusiva, nos fazem parecer que língua e linguagem são algo natural, fixo e estático. Esquecem de todas as alterações que ocorreram e ainda ocorrem na língua, ao longo da história, o que demonstra sua vivacidade, atesta seu elemento cultural, sem nenhuma natureza. Além disso, vale pensar quem estruturou a língua da maneira que conhecemos hoje: será que, na sua maioria, não foram homens brancos heterocisgêneros? Será que não ela não foi organizada segundo os interesses de apenas um grupo?

E aqui, um conceito emerge de maneira muito forte: o da identidade — que, por muito tempo, foi negada a nós, dissidentes sexuais e de gênero. Historicamente, a identidade do homem, branco, heterocisgênero, e do Norte Global, foi entendida como a única identidade válida, o "humano universal". Desconsiderou-se a diversidade de gentes que somos — diferentes etnias, gêneros, sexualidades, línguas e modos de viver. A identidade é importante, é algo que está presente na nossa constituição. Somos todos radicalmente diferentes, e aqui está a boniteza da humanidade.

E, por fim, todos esses conceitos e ideias me levam a pensar na escola. Espaço importante de socialização e constituição dos indivíduos, que tem um peso grande na nossa formação. Como e por quem ela é pensada? Quais os interesses em manter determinadas posições na educação em detrimentos de certos avanços? Quando se fala, por exemplo, em "ideologia de gênero" (algo completamente fantasioso), não se está deixando de lado que, toda educação é um ato político (não partidário), portanto ideológico? Afinal, quando escolhemos determinados conteúdos, em detrimento a outros, por exemplo, isso não é uma escolha ideológica, baseada na visão de mundo que temos?

Ainda sobre escola e educação, quando afirmamos que estamos defendendo as crianças, será que são todas as crianças? Mas, se nos omitimos a discutir sobre gêneros e sexualidade, por exemplo, como ficam as crianças que, assim como eu (e retornam minhas memórias de infância), sofrem violências — sejam elas físicas ou psicológicas — na escola, por não se adequarem aquilo que é esperado de um menino ou de uma menina? Nas palavras de Paul B. Preciado "quem defende os direitos da criança diferente"[2]? Ou, essas crianças que não se adequam à norma podem sofrer e serem discriminadas?

Essas são algumas reflexões que surgiram a partir da leitura da obra *Educação na diversidade de gênero: a importância da representatividade na aceitação de si e do outro*, obra essa que faz um sobrevoo sobre esses e outros temas fundamentais nos debates contemporâneos em educação em uma perspectiva da pluralidade humana. Esse sobrevoo, que, num primeiro momento, pode parecer algo superficial, se apresenta como algo muito estratégico e assertivo, para fazer chegar esses temas àquelas pessoas que os desconhecem e poderão, posteriormente, realizar estudos mais aprofundados. Assim, podemos popularizar o conhecimento acadêmico, ampliando seu alcance para além dos muros universitários.

Finalizo reafirmando que nós, dissidentes sexuais e de gênero, existimos e somos importantes. Sempre estivemos em todos os lugares, mas, agora, estamos também assumindo o protagonismo. Produzimos conhecimento sobre nós, o que contribui para pensarmos em outros mundos possíveis. E isso é só o começo!

Boa leitura!

Inverno de 2024

Rudson Adriano Rossato da Luz[3]

---

[2] PRECIADO, Paul B. **Um apartamento em Urano**: crônicas da travessia. Tradução Eliana Aguiar. 1. ed. Rio de Janeiro: Zahar, 2020. p. 69.

[3] Graduado em História pela Universidade de Passo Fundo – UPF; mestre e doutorando em Educação pela Universidade de Caxias do Sul – UCS.

SUMÁRIO

INTRODUÇÃO 13

CONCEITOS IMPORTANTES 15
SOBRE EDUCAÇÃO 15
SOBRE IDENTIDADE 21
SOBRE REPRESENTATIVIDADE 32
SOBRE GÊNERO 39

REPRESENTATIVIDADE DE GÊNERO NA EDUCAÇÃO 49
A ESTRUTURA ESCOLAR FRENTE ÀS CONCEPÇÕES
DE GÊNERO 50
Questionamentos centrais 53
A concepção social de gênero dentro da escola 55
A representatividade de gênero na escola 59
Apontamentos sobre uma educação libertadora 62
Observações gerais sobre Gênero e Currículo Oculto 62
BREVES CONCEITOS SOBRE IDENTIDADES DE GÊNERO
E NÃO BINARIDADE 66
Linguagem neutra e inclusiva 71
EDUCAÇÃO E A DIVERSIDADE DE GÊNERO 72
A IMPORTÂNCIA DA REPRESENTATIVIDADE PARA
A EDUCAÇÃO LIBERTADORA 82

CONSIDERAÇÕES FINAIS 95

REFERÊNCIAS 97

INTRODUÇÃO

A escola é um dos maiores espaços de convivência presentes em nossa sociedade. É na fase escolar, considerando primariamente a respectiva faixa etária, que o indivíduo se constitui como cidadão e agente social.

O espaço escolar é peça-chave para a aprendizagem do convívio interpessoal. Nele, são constituídas bases — e cicatrizes — que carregaremos por toda vida, cada uma delas dificilmente encontrando meios de ser ressignificada em tempos posteriores.

Por sua relevância na vida social, é imprescindível que a escola propague de forma saudável a convivência com as diferenças. Nossa sociedade tem demonstrado cada vez mais um leque imenso de modos de vida, perpassando cultura, sexualidade, afetividade, expressão e identidade de gênero. Cabe à escola ensinar a compreensão e o respeito a essas diversidades, de forma a permitir que cada pessoa possa desempenhar suas formas de expressão sem riscos à sua integridade física e psicológica.

Dessa forma, esta pesquisa visa entender a diversidade de gênero, principalmente o espectro não binário, nos espaços de vivência e convivência, assim como a importância da representatividade das diferenças nas escolas e do ensino à diversidade. Também busca pensar as estruturas educacionais de modo a compreender essa diversidade, principalmente de gênero, dentro dos currículos educacionais e de todos os espaços escolares de ensino-aprendizagem.

Este trabalho está dividido em dois momentos: o primeiro apresenta um levantamento bibliográfico sobre os quatro conceitos basilares para a compreensão do tema educação, identidade, representatividade e gênero. Em um segundo momento, se debaterá sobre as identidades de gênero não binárias, a forma com que a educação vê e trabalha com a diversidade de gênero e, por fim, a importância da representatividade sobre uma educação libertadora e fomentadora da transitividade crítica.

Questões de representatividade têm apresentado, atualmente, crescimento nos campos sociais. Como tema recente, ainda se encontram poucas obras, principalmente na perspectiva da não binaridade de gênero. Portanto, usaremos também algumas pesquisas sobre representatividade negra para embasar nosso pensamento, adaptando-as para as questões pertinentes ao gênero.

Optou-se, aqui, não utilizar linguagens neutras. Por mais que sejam difundidos, nos espaços de representatividade, alguns padrões de "neutralização" do idioma escrito e falado, esse debate não urge neste trabalho. Apesar de ser brevemente apresentada e explicada, não será aplicada no corpo do texto. Reconhece-se que é uma estrutura idiomática importante que gera, sim, uma importante representatividade às pessoas não binárias; todavia, esta obra visa muito mais atingir os setores sociais que pouco ou nada conhecem sobre identidade de gênero e espectro não binário. Mesmo que a neutralidade linguística venha a ser relevante para grupos e indivíduos não binários, o foco primordial deste livro é desfazer a toxicidade do senso comum, bem como permitir e facilitar que o debate da aceitação das diferenças chegue mais longe. Portanto, é preciso que seja acessível muito mais a quem desconhece os conceitos em torno da não binaridade de gênero do que a quem os conhece.

CONCEITOS IMPORTANTES

A escola é espaço primordial de educação, ensino e aprendizagem da nossa sociedade. É nela que aprendemos, para além dos conteúdos de cada disciplina, a conviver com o outro e a nos constituirmos como pessoa, como cidadão e como agente social. Assim, para que se entenda o caminho trilhado por esta pesquisa até as conclusões sobre a importância da representatividade de gênero na escola, é importante que se compreenda os principais conceitos basilares dela.

SOBRE EDUCAÇÃO

A educação é uma experiência humana contínua ao longo da vida. É sempre momento de aprender e/ou ensinar coisas novas, tornando constantes os processos de aprendizagem e de ensino-aprendizagem. O conhecimento é mais que absorção de informações, é vivência, é interação com o mundo. É, criticamente, transformar informações dispersas em algo concreto, coeso e honesto.

Segundo Vianna (2006), a educação é tudo aquilo que pode ser feito para desenvolver o ser humano. Para Sampaio, Santos e Mesquida (2002, p. 166), "É um processo de vida, de construção, de experimentação [...] se apresenta como um elemento fundamental da construção da comunidade e da subjetividade".

Schley, Morell e Offial (2016) apontam que pesquisas recentes apresentam a educação como importante fator de diversidade, de inclusão e de solidariedade. Menezes e Araujo (2007, p. 41) entendem a educação como "[...] um processo dialógico e permanente de formação que envolve todas as dimensões e aspectos da vida humana".

Sampaio, Santos e Mesquida (2002) acrescentam que a educação é um processo de interação entre prática e teoria, de ciência e técnica, de saber e fazer; que constrói, reconstrói e democratiza cultura, ritos e saberes, torna inclusiva e edifica a história e a sociedade. Vianna (2006, p. 136) complementa que

> [...] a educação, como elemento indissociável do ser humano, é o grande alimento para que [...] possa obter o pleno desenvolvimento de suas faculdades físicas, mentais e intelectuais. Ela assegura ao indivíduo, liberdade e autonomia, dando-lhe ferramentas indispensáveis para a realização de seus objetivos, a fim de que possa prosperar na vida.

Compreendendo que as pessoas são capazes de aprender de diversas formas, internalizando tudo que consideram importante para sua vida pessoal e profissional, para Bueno e Pereira (2013, p. 352), "[...] a Educação refere-se ao desenvolvimento do indivíduo desde o nascimento até a sua morte". "Na visão dos pedagogos modernos, o processo educacional não reside apenas nas escolas, pois ela não é a única responsável pela educação. A educação, tem uma dimensão maior do que propriamente ensinar e instruir" (Vianna, 2006, p. 130).

No estudo de Sampaio, Santos e Mesquida (2002), a educação escolar é uma peça-chave para a inserção simbólica necessária para que uma sociedade seja, exista e conviva, dado que as sociedades se institucionalizam com o auxílio da escola. Pinto e Fonseca (2017, p. 59) definem a escola como

> [...] o ambiente no qual acontece à [sic] humanização e a socialização dos indivíduos e é no ambiente escolar que se desenvolve grande parte das habilidades, compartilha-se novos saberes, conhecimento e onde o indivíduo [sic] pode ampliar sua capacidade de enxergar o mundo que o cerca.

Vianna (2006) corrobora atestando que a educação brasileira, pautada pela Constituição Federal brasileira de 1988, visa o pleno desenvolvimento da pessoa humana, prepara para o exercício da cidadania e qualificação para o trabalho. Para o autor, os objetivos da educação relacionam-se aos fundamentos — de soberania, de cidadania, de dignidade da pessoa humana, de valores sociais do trabalho e da livre iniciativa, e de pluralismo político — do Estado brasileiro.

> Considerando a educação como um fenômeno social-histórico-cultural, entende-se que ela pode

> acontecer em qualquer lugar e a qualquer momento e com qualquer pessoa, podendo ser transmitida de pai para filho, ou de anciãos a aprendizes, de professores a alunos, de alunos a alunos, independente do sexo, raça ou idade. Ela depende principalmente do ideal de homem a ser formado, por isso se caracteriza como sendo um processo de transformação das qualidades humanas e a especificidade de cada cultura. (Bueno; Pereira, 2013, p. 351).

Por ser objeto fundamental da existência humana, a educação se dá em todos os lugares, por diversos motivos e de muitas formas. Para Sampaio, Santos e Mesquida (2002, p. 166),

> Aquele que procura a instituição escolar para nela se matricular, pertence, antes [...], a um corpo social que inclui a família e a comunidade da qual se origina e da qual participa. A escola irá somar-se a esses organismos da sociedade para auxiliar o educando a construir a sua cidadania.

Esse processo de formação de agentes sociais, ou seja, da inserção madura e consciente dos indivíduos na sociedade a qual pertencem, é composto por diversas formas de educação, que pode ser dividida em três conceitos: a educação formal, a informal e a não formal. Juntas, essas ramificações são a fonte de conhecimento entre as pessoas e o mundo.

Para Schley, Morell e Offial (2016), a educação formal é aquela presente nas escolas, onde há uma estrutura, um currículo planejado pedagogicamente e uma didática intencionalizada, além de regras, horários e classificações. Os aprendizados, divididos por disciplinas, seriam a absorção de conteúdos divididos e o desenvolvimento de habilidades e competências; culminando em uma certificação de educação básica ou titulação acadêmica.

Ainda segundo os autores, a educação não formal é atribuída a atividades extracurriculares, culturais, trabalhos comunitários, estudo de línguas, congressos etc. Essa forma de educação concede um conhecimento que se adquire por vontade própria, não necessitando de um currículo planejado ou horário específico para ser administrado. O sentimento de pertencer a um grupo e o saber adquirido torna o indivíduo consciente de si mesmo e de suas responsabilidades de convívio e interação com o outro, com o meio e com a própria sociedade em que se insere.

Por fim, a educação informal é uma junção da formal e não formal. Pode ocorrer em diversos locais, como "A casa onde mora, a rua, o bairro, o condomínio, o clube que frequenta, a igreja ou local de culto [...] etc." (Gohn, 2010 *apud* Schley; Morell; Offial, 2016, p. 51).

Conforme o momento e o local em que acontece e do fim buscado para o desenvolvimento daquele(s) saber(es), a diferença dessas três formas de educação se dá, principalmente, pelos conteúdos e estruturas metodológicas explorados. Visto esses espaços sociais, "[...] a escola é um 'lugar' no qual desenvolve-se certo 'jeito' de educar; com suas codificações e produção de saberes que constituem os 'conteúdos obrigatórios e necessários' à organização de um certo tipo de ensino" (Menezes; Araujo, 2007, p. 41).

Assim, a escola é uma das instituições mais baseadas no ensino formal, que é sempre estruturado por meio de um currículo. Segundo Pinto e Fonseca (2017, p. 59), a escola é

> [...] um lugar privilegiado no qual um conjunto de atividades é desenvolvido de forma metódica, continuada e sistemática, correspondendo à formação inicial do indivíduo, dando a ele condições de se posicionar frente ao mundo que o cerca. A este conjunto de conhecimentos que emergem da escola chamamos de currículo.

Para Menezes e Araujo (2007, p. 34), "[...] não existe neutralidade no currículo, ele é o veículo de ideologia, da filosofia e da intencionalidade educacional". Em concordância, Gomes e Madeira (2016, p. 11) apontam o currículo como "[...] base fundamental e estruturante, no qual emergem disputas, embates, poder, identidades, culturas".

> Quando falamos em currículo, nos referimos à organização dos horários da escola - aula, recreio, etc - [sic] falamos nos eventos e projetos desenvolvidos

> - na organização do processo de formação - séries, ciclos, módulos, semestres, disciplinas etc. Mas falamos também da concepção que fundamenta e baliza esta organização, dos fundamentos e princípios que estão imbricadamente ligados a uma certa teoria pedagógica que orienta e dá sentido a todo e qualquer processo educativo. (Menezes; Araujo, 2007, p. 41-42).

Segundo Pinto e Fonseca (2017), o currículo é uma dimensão complexa que envolve práticas políticas e administrativas em seu desenvolvimento, e engloba as condições estruturais e organizativas da escola, a dotação do corpo docente e as ideias e significados que dão forma a ele. Cada um desses pontos vinculam-se ao convergirem na prática pedagógica em sala de aula, que contribui com o conhecimento escolar e individual.

Assim, é possível perceber que o currículo escolar é mais que um caminho pré-definido que docentes e discentes trilharão do início ao fim. Sua importância ocorre na responsabilidade de formar agentes sociais de acordo com os interesses da sociedade que engloba esse currículo. Para Menezes e Araujo (2007, p. 34),

> É justamente na construção ou na elaboração dos modelos e das propostas curriculares, que se define que tipo de sociedade e de cidadão se quer construir, o que a escola faz para quem faz ou deixa de fazer. É também na construção ou definição das propostas, que são selecionados conteúdos, que vão ajudar as pessoas, a entenderem melhor a sua história e a compreenderem o mundo que as cercam.

Segundo os autores lidos, o currículo divide-se em três momentos distintos, de acordo com a forma com que as estruturas legais, materiais e socioculturais são utilizadas e demonstradas. Há o currículo formal, ou prescrito, estruturado a partir de conhecimentos e disciplinas escolhidas, com delimitações de espaço e tempo. Há o currículo real, que é a adaptação didático-metodológica de cada docente para a aplicação do currículo formal. E há o currículo oculto, que perpassa conhecimentos e posturas culturais, transmitidos a partir das ações e reações da comunidade escolar.

O currículo formal é estabelecido pela instituição escolar a partir de legislações e diretrizes federais, estaduais e municipais. Elaborado com e a partir de objetivos, aborda as disciplinas e conteúdos que serão trabalhados ao longo do ano escolar. É um conjunto de saberes escolhidos para a formação do indivíduo dentro de uma determinada sociedade ou recorte social.

Segundo Freire, Melo e Saraiva (2017), o currículo prescrito está vinculado ao aparato estatal. No Brasil, o currículo chega até as escolas por meio das orientações da Lei de Diretrizes e Bases da Educação Nacional (lei n.º 9394/96).

Para o cumprimento do artigo 26 da referida lei, elaborou-se inicialmente os Parâmetros Curriculares Nacionais, cujo objetivo era nortear processos de ensino por meio de sugestões a cada disciplina. Aprovada em dezembro de 2018, a atual Base Nacional Comum Curricular, "[...] mostra o que deve ser ensinado em cada ano escolar, o que pode auxiliar no trabalho docente e no direcionamento daquilo que se pretende ensinar na escola" (Cândido; Gentilini, 2017, p. 328). Para além, é preciso considerar as matrizes e legislações estaduais, bem como as leis orgânicas dos municípios, que adicionam habilidades e competências às já previstas pela BNCC.

O currículo real está relacionado com a prática docente e as relações de ensino-aprendizagem. É a contextualização do currículo formal, a adaptação estratégica do currículo de acordo com o andamento do processo de aprendizagem.

Segundo Freire, Melo e Saraiva (2017, p. 115)

> [...] o currículo está além da lista de conteúdos formalizados e incorporados pelo livro didático, quase sempre utilizados de forma engessada. Na verdade, os conteúdos do currículo devem ser trabalhados de forma articulada ao cotidiano dos alunos.

Em suma, o currículo real é o que acontece em sala de aula, entre docentes e discentes.

Dentro do mesmo ambiente escolar, o currículo oculto apresenta os diversos ensinamentos que não estão planejados na documentação escolar. Esse segundo currículo, lado a lado com o formal, surge por meio das práticas estabelecidas pelos participantes da vida escolar, trazendo conhecimentos implícitos apreendidos muitas vezes considerando as ações observadas e vividas. Nesse currículo estão as principais aprendizagens sobre princípios de conduta, normas sociais e modos de pensar, estando carregado das ideologias que perpassaram a constituição do currículo formal.

"O currículo oculto é então a dimensão implícita do processo educacional, sendo sua mensuração de difícil concepção e consiste em fatos que emergem no cotidiano escolar que foge ou vão além daquilo que foi prescrito e planejado" (Pinto; Fonseca, 2017, p. 62). Assim, esse currículo engloba tudo que não está escrito ou explícito formalmente, mas transparece nas atividades escolares, como gestos, exemplos, normas sociais etc.

SOBRE IDENTIDADE

Identidade é a percepção de si como pessoa, produzida a partir da socialização. Desenvolve-se em decorrência das esferas sociais em que um indivíduo (ou grupo específico) está inserido e o papel social que ele adota.

É composta por um conjunto de características próprias que tornam um indivíduo (ou coletivo) único frente aos demais. Essas características e representações fazem com que o indivíduo (ou grupo) perceba-se como um ser específico e isto é percebido pelos demais. Ou seja,

> O processo de construção de identidades está intimamente ligado ao processo de socialização dos indivíduos. O modo como o indivíduo se torna sujeito social, através dos diferentes espaços sociais que ele poderá se inserir – ou ser inserido –, é determinante na forma com a qual este enxerga o entorno e a si próprio. (Reis; Pinho, 2016, p. 16).

É pela comunicação — falada, gestual ou simbólica — que o indivíduo socializa com os outros. Nela, é construída a diferença em negação (por exemplo, se o indivíduo é homem, não poderia ser mulher), mas também se estrutura a semelhança, que "[...] é o produto da experiência vivida e das coisas da vida cotidiana, que inclusive podem ser compartilhadas por identidades diferentes" (Fortes, 2013, p. 35).

Como se dá na interação social, a comunicação é fundamental no processo, pois é nela que se participa do outro. Composta pela compreensão que o indivíduo tem sobre si, "[...] a identidade não constitui algo dado, de caráter meramente descritivo e estático, mas sendo a articulação entre a igualdade e a diferença, entre subjetividade e objetividade" (Furlan; Lima; Santos, 2015, p. 34).

Ou seja,

> [...] identidade e diferença são resultado de atos de criação lingüística, ou seja, não podemos tomá-las como essências, como conceitos naturalizados e sim como construções culturais. Identidade e diferença são criadas por meio de atos de linguagem. (Fortes, 2013, p. 35).

Corroborando, Baptista (2002, p. 31-32) aponta que a identidade

> [...] é estabelecida a partir das relações (de oposição ou composição) de pessoas, grupos, instituições, envolvendo tanto os elementos subjetivos quanto os objetivos contextuados [sic] sócio-econômico-culturalmente.

Assim, "As identidades são significadas pela linguagem e sistemas simbólicos que as representam" (Fortes, 2013, p. 34), a forma com que o indivíduo se representa e como é representado pelo outro são parte do processo de construção da identidade. Nas palavras de Miranda (2012, p. 14), a identidade "[...] é formada dialeticamente entre indivíduo [sic] e sociedade sendo mutável em boa medida inconscientemente, num processo que inclui a identificação própria e a identificação reconhecida por outros".

Paralelo a isso, o indivíduo também interage socialmente consigo. Por ser uma ação de reconhecimento de quem se é perante o espaço social em que se está inserido naquele momento, inicia-se na autorreflexão sobre si, sua autoimagem e suas ações no processo de socialização.

Esse processo reflexivo de construção da identidade divide-se em duas estruturas internas e acontece em um ciclo de interação social: ação, reflexão e reação. Por sua vez, Zanatta (2011, p. 44, grifos do autor) apresenta essa divisão entre o "eu" e o "mim", em que

> [...] o *eu* age e provoca a reflexão por parte do *mim* que, por sua vez, reage na forma de eu novamente. O *eu* representa a consciência espontânea da individualidade. Já o *mim* representa a parte da individualidade que foi configurada ou moldada pela sociedade.

A reflexão sobre si e a autoimagem da identidade estão vinculadas à narrativa que o indivíduo elabora sobre sua própria história. Constituída pela socialização, narrador e interlocutor são indissociáveis no processo de compreender os significados dos acontecimentos narrados, permitindo que "[...] o narrador faça uma interpretação do que viveu e do que deseja vir a ser, atribuindo novos sentidos a estes acontecimentos" (Furlan; Lima; Santos, 2015, p. 31).

Nessa linha, a partir do filósofo Paul Ricoeur, Miranda (2012) debate uma dualidade manifestada entre identidade-idem e identidade-ipse. Segundo Furlan, Lima e Santos (2015, p. 32), "[...] a identidade do idem como estado imutável e a identidade do ipse como instante mútavel [sic]".

A identidade-idem refere-se à mesmidade, a estrutura imutável que coloca o indivíduo como ente social reconhecido como humano pelos outros. A identidade-ipsen é talhada pela alteridade, na qual a capacidade de colocar-se no lugar do outro faz com que o indivíduo se perceba como ser único e singular.

É na narrativa de sua própria história que "O dilema do sujeito idêntico a si mesmo desaparece na medida em que substituímos a identidade compreendida no sentido de um mesmo (idem) pela identidade compreendida no sentido de um si mesmo (ipse)" (Furlan;

Lima; Santos, 2015, p. 32). A ipseidade ocorre na reflexão do indivíduo sobre o significado de sua narrativa, afastando-se da mesmidade ao modificar o modo como sua vida está composta.

Ou seja,

> [...] um indivíduo é responsável pela condução de sua biografia e pode construir novas identidades ao longo de sua existência motivado por fragmentações e rupturas que conduzem a uma superação, permitindo um novo reconhecimento nas interações sociais em que faz parte. (Miranda, 2012, p. 14).

Esse processo de construção e reconstrução da identidade perpassa sentimentos e escolhas que se concretizam nas posições que o indivíduo assume e com as quais ele se identifica. "O si mesmo (*Self*) passa por transformações ao longo da vida do indivíduo, mas mantém um estilo constante, algo pessoal que ele reconstitui a partir das suas vivências" (Miranda, 2012, p. 15). Ou seja, segundo Fortes (2013, p. 33), a identidade é "[...] o caráter do que permanece igual a si próprio, uma característica de identidade que o ser (*self*) mantém consigo mesmo".

O si-mesmo (*self*), como percepção reflexiva do indivíduo sobre si, é composto por valores. E a partir dos próprios valores que o indivíduo decide suas atitudes e demonstra determinado comportamento.

As atitudes, então, podem exercer funções significativas ao si-mesmo, como buscar por algo que o indivíduo goste, assim como podem expressar valores centrais do indivíduo, como quando uma pessoa que valoriza a igualdade posiciona-se contrária a uma situação de preconceito. Os valores, por sua vez, são as crenças sobre estilos e filosofias de vida que orientam nossas atitudes e comportamentos, sendo o cerne do autoconhecimento.

A construção do si-mesmo se dá na socialização com o mundo. É a partir do contato com o espaço que lhe cerca que o indivíduo passa a significar situações e identificar-se com elas ou repudiá-las.

> A formação da identidade passa por uma gama de sentimentos e decisões racionais e irracionais na

escolha dos investimentos pessoais que o sujeito faz para sua identificação. A subjetividade sugere a compreensão que temos sobre o nosso eu. É ela que permite explicar o motivo de um sujeito se apegar a uma identidade peculiar. (Miranda, 2012, p. 15).

A construção das identidades, então, usa como fonte diversos materiais provindos do espaço social em que vive, influenciado pelas estruturas históricas e geográficas em que se insere: memórias coletivas, percepções e desejos pessoais etc. A identidade "[...] não se dá a priori, formada por aspectos meramente biológicos ou geográficos, enfim, naturais." (Fortes, 2013, p. 32).

> Identidade portanto, referir-se-á sempre a uma totalidade em permanente transformação. Esta totalidade é fruto de processos complexos que se dão individualmente no nível biológico de cada um, na sua corporeidade, no nível intraindividual através da consciência e atividade, e no nível interindividual considerando as relações de indivíduos e grupos. A complexidade destes processos envolve ainda a questão dos mesmos estarem em interação, através de composições e oposições o que confere o caráter de semelhança e diferença tanto em relação a si mesmo, como na relação de cada um com os outros que guardam pequenas ou grandes semelhanças ou diferenças entre si. Esta totalidade pode representar um indivíduo, um grupo de pessoas, um conjunto de idéias [sic]. (Baptista, 2002, p. 32).

Nesse processo de socialização do indivíduo com o mundo, a identidade existe para si mesmo e, além disso, existe para o outro ao mesmo tempo. Nessa estrutura entre a identidade para o outro e a identidade para si, há sempre a presença da socialização para a assimilação da identidade a partir do sentimento de pertencimento. A identidade para si refere-se ao que o indivíduo diz de si, como ele se percebe, ao si-mesmo daquele indivíduo; já a identidade para o outro refere-se ao reconhecimento das características específicas do indivíduo pelo outro.

A interação social provoca uma rotulagem de "o outro" sobre o indivíduo a partir dessas características percebidas. Ao interagirem, a percepção que o outro possui de um indivíduo faz com que um rótulo caia sobre esse indivíduo, na expectativa de que ele (o outro) personifique determinada postura ou papel social. Esse rótulo, então, funciona de base para a socialização que o provocou em um processo que não é fixo e sim uma negociação constante.

A sociedade, como um grupo social que engloba diversos outros, espera que determinados indivíduos desempenhem os papéis sociais estipulados por ela. O papel social é uma série de direitos e deveres referentes a uma determinada situação social. E a expectativa de que o indivíduo personifique esses direitos e deveres provoca uma dualidade na identidade social dos indivíduos: de um lado, há a identidade atribuída a eles; do outro, há a identidade que eles realmente possuem.

Esses rótulos visam classificar os indivíduos, hierarquizá-los. É parte dos sistemas de classificação que ordenam a vida social por meio dos papéis sociais, manifestando-se por discursos e ações.

> Esses sistemas de classificação, que se expressam em oposição binária, mantêm a ordem social. Ao serem classificados, os indivíduos podem ser controlados, estando a classificação simbólica, desta forma, diretamente relacionada com a ordem social. A diferença pode ser construída tanto negativamente, por meio de exclusão ou marginalização, ou pode ser celebrada como fonte de diversidade, vista positivamente como enriquecedora. (Fortes, 2013, p. 37).

Zanatta (2011, p. 47) explica que

> Com base nas informações sociais, criamos uma série de expectativas normativas relacionadas ao indivíduo e que estão ligadas ao papel que o mesmo desempenha ou vai desempenhar, criando, assim, categorias de padrões e comportamentos atribuídos e assumidos. Tais categorias oferecem aos demais a identidade social das pessoas. Sendo assim, quando

nos encontramos nos espaços públicos, por exemplo, procuramos nos orientar diante dos demais e, mesmo que não tenhamos a menor consciência disto, lançamos sobre os outros as expectativas normativas que correspondem às categorias sociais das quais partimos.

Essa normatização que um indivíduo visualiza e espera do outro desenvolve-se a partir dos espaços sociais em que o indivíduo se insere. Ou seja, junto da identidade, essa expectativa é uma construção que se dá no decorrer do tempo, a partir da interação com as instituições sociais, como família, escola, emprego etc.

Para Zanatta (2011), a partir do filósofo George Herbert Mead, há os outros com quem mais se convive e que se tem relações emocionais, os "outros significativos"; e há os outros pertencentes a um grupo social mais amplo, os "outros generalizados". O segundo grupo social mencionado é a sociedade agindo sobre a pessoa, promovendo a interação social que influencia a conduta dos indivíduos.

A família é a primeira interação social do indivíduo. Reflexo da cultura social em que está inserida, a família é um grupo social que replica os papéis sociais esperados para cada indivíduo. Além dessa interação social, há a socialização secundária que

> [...] se inicia quando a pessoa entra em contato com outras realidades exteriores à família: os denominados sub-mundos institucionais, que necessitam ser interiorizados. Através deste contato que se dá de forma menos emocional que na socialização primária, a pessoa introjeta outros papeis [sic] sociais, entre os quais o papel profissional. A aprendizagem destes papeis sociais envolve desde rituais até os componentes normativos, cognitivos e os afetivos, ligados ao seu desempenho.
>
> Na socialização secundária os "outros significativos" se ampliam: podem ser outros indivíduos, grupos, organizações, instituições. (Baptista, 2002, p. 33).

Dessa forma, juntamente às identidades individuais e dentro dos grupos sociais com quem cada indivíduo convive e se percebe como pessoa — os outros significativos —, há a identidade coletiva. "Por se pautar na dinâmica social, a identidade de um grupo [...] depende da construção do seu outro" (Fortes, 2013, p. 32), ao passo que se dá em concordância consigo mesmo em uma espécie de coesão interna.

Assim, tal qual a identidade individual, a identidade coletiva é construída historicamente "[...] a partir da relação dialética que ocorre em um determinado espaço geográfico, entre indivíduos e ou grupos que organizam sua vida cotidiana desenvolvendo atividades semelhantes, a partir de um conjunto de valores compartilhados" (Baptista, 2002, p. 34).

A identidade coletiva reúne indivíduos de uma mesma comunidade, excluindo-se diferenças individuais, em que partilhar o idioma, a história, os símbolos e os valores conferem aos envolvidos o sentimento de pertencimento e o sentido para o esforço de defender aquela comunidade. "Sendo assim, podemos assumir que a identidade se define não apenas em termos relacionais, o 'eu' com ou contra o 'outro', mas igualmente toma forma inspirada pelo próprio grupo, que busca se identificar consigo mesmo" (Fortes, 2013, p. 33).

Conviver com determinados grupos propicia a identificação com a representação simbólica por meio do processo de interação. Segundo Zanatta (2011, p. 44-45), esse processo de interação ocorre da seguinte forma:

> Primeiro, que o ser humano age com relação às coisas na base dos sentidos que elas têm para ele. Segundo, o sentido destas coisas surge da interação social que se estabelece com as outras pessoas. E, por último, que os sentidos são apreendidos e modificados através da interpretação da pessoa ao entrar em contato com as coisas.

Como o processo de significação e ressignificação simbólica acontece no meio social em que se insere, tal qual a identidade é reflexo de como o indivíduo se vê nesse meio social que, por sua vez também o afeta, é impossível entender a identidade individual sem contemplar a atividade coletiva. A identidade individual é composta por diversas identidades coletivas que coexistem e/ou intercalam-se de acordo com a situação.

Ou seja, segundo Zanatta (2011, p. 46) "[...] é importante conhecer as identidades do *self* e do outro para, depois de identificada a situação, saber qual 'eu' estamos assumindo", pois o indivíduo "[...] enquanto representa um papel social, representa uma identidade coletiva a ele associada, construída e mediada através das relações sociais" (Zanatta, 2011, p. 46). Isso ocorre pois nenhuma interação social é apenas entre dois indivíduos, mas também envolve os círculos sociais em que cada indivíduo se insere, mesmo que essa filiação seja mais sutil.

Em outras palavras, é possível dizer que a identidade se apresenta a partir de vários momentos de identidade que se expressam "[...] na medida em que sempre nos apresentamos como representantes de nós mesmos frente aos Outros" (Furlan; Lima; Santos, 2015, p. 35). Por exemplo, o indivíduo assumiria o papel de filho em um momento e expressar-se-ia por meio do papel de pai em outro.

Esses momentos de identidade, ou personagens, sucedem-se ou coexistem, conforme a interação consigo e com o outro. Assim, o indivíduo expressa apenas uma parte de si frente ao outro, nunca sua totalidade, pois está apresentando apenas um de seus momentos de identidade.

Por sua vez, os grupos sociais aos quais o indivíduo pertence esperam dele uma determinada postura frente às interações sociais. Essa expectativa de que ele assuma esta ou aquela postura reflete-se no papel social aguardado por aquele grupo. Porém, "[...] ao mesmo tempo em que algumas diferenças são explicitadas, outras podem ser obscurecidas; as identidades não são unívocas, pode haver contradições em seu interior, discrepâncias entre o nível coletivo e o individual" (Fortes, 2013, p. 39).

A identidade é interiorizada de acordo com a reação dos indivíduos frente aos papéis sociais impostos a eles. Os papéis sociais, segundo Baptista (2002, p. 34) "[...] permitem a inserção automática do homem na realidade, mas por outro lado podem cristalizar de tal modo a vivência do sujeito que o impede de criar a sua própria personagem, ou modificá-la na vivência do papel".

Dessa forma, durante a socialização, cabe ao indivíduo construir sua identidade a partir da aceitação ou recusa desses rótulos e em qual nível aceitá-los ou recusá-los. Ou seja, mesmo que um indivíduo tenha em si uma dada identidade coletiva, sua identidade individual pode enaltecer mais certas características dessa coletividade em detrimento de outras, ou mesmo afastar-se de determinadas características sem deixar de possuir àquele grupo.

Assim, a identidade pode ser ou não condizente com instituições dominantes na sociedade, internalizando ou não os papéis sociais atribuídos. Dessa forma, segundo Fortes (2013), a partir do sociólogo Manuel Castells, a identidade pode ser dividida em três grupos: a legitimadora, que é a introduzida pelos grupos dominantes para manter sua dominação sobre os atores sociais; a identidade de resistência, que é criada pelos atores que são relegados a posições desvalorizadas ou estigmatizadas a partir de princípios diferentes dos presentes nas instituições dominantes; e a identidade de projeto, que refere-se aos atores sociais que constroem uma identidade visando transformar a estrutura social. Também explica Miranda (2012, p. 15):

> Uma identidade é considerada por ele como "legitimadora" quando é introduzida por uma instituição dominante visando sua expansão e também a racionalização da sua dominação. A identidade "de resistência" é criada por atores desfavorecidos ou desvalorizados, segundo a lógica da dominação, que constroem trincheiras de resistência e sobrevivência para si. A identidade "de projeto" caracteriza-se por ser construída por atores visando uma redefinição das suas posições na sociedade, provocando transformações sociais, como, por exemplo, o feminismo.

Sempre que um indivíduo reproduz indiscriminadamente uma identidade legitimadora, segundo Baptista (2002), estará em "mesmice", ou seja, vivendo uma cristalização de um processo de igualdade ao reproduzir uma identidade já dada. A identidade teria, então, sua metamorfose ignorada em prol da conjuntura sistêmica.

A mesmice é a ocultação da dialética da identidade, a estagnação em um único momento da identidade, o engessamento de uma personagem da identidade como identidade única. Assim, nas palavras de Souza e Gonçalves (2017, p. 8),

> [...] as identidades seriam fetichizadas, [...] pois um de seus personagens representativos estagnaria fixamente pela assunção de um papel ou representação, impedindo-os de serem-para-si, ocultando o processo de mudança e transformação da identidade-metamorfose.

Porém, ao vivenciar vários papéis por meio de socializações secundárias, o indivíduo passa por uma "metamorfose" ao estabelecer uma comparação entre esses papéis, refletindo sobre eles e sobre si, podendo assumi-los de forma autônoma. Assim,

> A mesmice ou a metamorfose são possibilitadas, estimuladas ou impedidas tanto pelas condições objetivas (estrutura social, grupos de referência, organizações, instituições) quanto pelas subjetivas - representadas principalmente pela capacidade de reflexão de cada uma das pessoas. (Baptista, 2002, p. 34).

A construção de uma identidade legitimadora se dá também no processo histórico de construção de uma identidade coletiva, pois "[...] sempre que uma construção histórica compartilhada tiver que ser transmitida para novas gerações, será utilizado para tanto um dos seguintes mecanismos de legitimação- a explicação, justificação e normatização da realidade criada" (Baptista, 2002, p. 34), instaurando-se um dado controle social.

Ou seja, a identidade social é sempre política, pois dá-se na interação social por meio das inúmeras negociações de como os indivíduos se percebem e do papel social que esperam do outro; da mesma forma que o indivíduo autorreflete sobre esses papéis, aceitando-os ou rejeitando-os. "[...] a construção da identidade social é feita de afirmativas e negativas, a partir dos posicionamentos dos indivíduos diante das situações do cotidiano" (Fortes, 2013, p. 33); aceitar ou rejeitar determinado rótulo ou situação, por sua vez, vem refletir as atitudes e os valores do indivíduo.

SOBRE REPRESENTATIVIDADE

Representatividade é a representação efetiva de um grupo social que se busca representar. É retratar de fato esse grupo, tornando-se uma voz e uma imagem para ele, um reflexo.

A representatividade é necessária quando um grupo social está inferiorizado na sociedade em que está inserido. A sociedade, ou corpo social, "[...] é constituído por vários grupos sociais, que possuem particularidades e cultura própria" (Bona; Bona, 2016, p. 425). A cultura, por sua vez, é um sistema simbólico de construção social, englobando a percepção de mundo, seus valores, crenças e tradições, conhecimentos e saberes, modos de pensar e agir, entre outras maneiras de viver de cada grupo.

A desvalorização de determinada cultura frente a outra é um processo histórico, segundo Bona e Bona (2016), iniciado pela cultura da ciência do Século das Luzes que desqualificava e marginalizava saberes da natureza, culturas locais e outros conhecimentos que não eram tidos como verdade. "Este movimento de organização e hierarquização dos saberes fez surgir um tipo diferente de cultura, que é centrado no movimento de mais razão" (Bona; Bona, 2016, p. 425), o que provocou "[...] uma relação de domínio da cultura branca e europeia sobre as demais culturas, consideradas 'exóticas', as quais foram apropriadas e suprimidas" (Venancio; Farbiarz, 2016, p. 60).

O capitalismo, então, busca essa seleção de saberes para, por meio dessas "verdades", legitimar-se. Assim, "[...] a triangulação saberes da verdade, capitalismo e consumismo funcionam como um rolo compressor que arrasta e desqualifica as culturas, colocando-as em um grande lixão a céu aberto" (Bona; Bona, 2016, p. 424). Tudo que não serve ao consumismo é desqualificado e o discurso de verdade é usado para justificar a hegemonia cultural[4].

> Este movimento ganha o patamar de cultura hegemônica em nossa sociedade não pela verdade identificada pela razão, como era objetivo no século XVIII. Hoje, com a pulverização desses conhecimentos no espaço social e o aumento da conectividade entre os saberes, ele serve muito mais para justificar e garantir a legitimidade do ato. Desta forma, a cultura hegemônica assume este papel não por inspirar a verdade, mas sim para justificar a escolha dos sujeitos em relação à quantidade de culturas existentes. (Bona; Bona, 2016, p. 425).

A constituição de uma cultura hegemônica impõe a criação de uma cultura periférica. "Tensões já históricas se reconfiguram desde o período colonial e o controle das minorias hoje já se dá de modo globalizado e descentralizado" (Venancio; Farbiarz, 2016, p. 59), ou seja, o processo de marginalização de uma cultura, iniciado pelas conquistas coloniais, é longo e persistem no pós-colonial.

"A heterogeneidade ainda soa como um problema em sociedades historicamente colonizadoras, se refletindo em sociedades já descolonizadas, estas reprodutoras internamente do discurso colonizador." (Venancio; Farbiarz, 2016, p. 59). Essa constante marginalização de uma cultura afeta a vida desse grupo cultural ao passo que transforma todo meio em que o grupo vive. Assim,

> Todo este volume discursivo atinge as diferentes instituições que habitam o tecido social, provocando uma espécie de transformação tanto no discurso cultural externo como nos saberes que já são aprovados e compartilhados pelo grupo de sujeitos que pertencem às instituições. (Bona; Bona, 2016, p. 427).

As instituições acomodam, selecionam e transmitem valores, hábitos e conflitos. Inseridas em um dado contexto social, tendem a

---

[4] Neste contexto, é possível considerar também a constituição da indústria cultural e da cultura pop, como aponta Venancio e Farbiarz (2016) a partir do pensamento frankfurtiano.

legitimar, cada uma a seu modo e influência, a cultura hegemônica. Por exemplo, a indústria cultural, segundo Venancio e Farbiarz (2016), cria produtos pensados para reproduzir a lógica cultural dominante, pois, inclusive, discursos políticos que reforcem a hegemonia de grupos e projetos são bastante lucrativos.

Observemos, por exemplo, o caso do Teste Bechdel. Este teste foi criado pela cartunista Alison Bechdel para mensurar as concepções de gênero presentes no discurso cinematográfico; conforme Magaldi e Machado (2016, p. 252) abrangia três parâmetros: "(i) ter ao menos duas personagens femininas nomeadas; (ii), as duas personagens precisam conversar entre si; (iii) o assunto dessa conversa precisa ser qualquer tópico que não seja um homem". Segundo as autoras, dos 122 filmes analisados em 2014, apenas 47 passaram no teste; sendo que 7 não apresentavam sequer duas personagens femininas com nomes próprios.

Ao acessarmos o site Bachdel Test Movie List (por meio da URL https://bechdeltest.com/) é possível observar que, para o ano de 2023, dos 120 filmes listados no site, mais de 30 falharam em algum dos parâmetros do teste. Isso demonstra que, apesar dos avanços sociais e da busca por espaços, as mulheres ainda não encontram total representatividade no cinema. Dialogando com Ferreira, Ribeiro e Ragi (2021), observa-se que diversos grupos sociais ainda se incomodam com o reconhecimento dos grupos historicamente marginalizados e culturalmente violentados.

Esses mecanismos de legitimação cultural (que favorecem uma única fala, uma única visão de mundo, uma única representação), porém, são incapazes de excluir de dentro das instituições os grupos sociais menos favorecidos cuja cultura foi excluída. Esses grupos são marginalizados e suas culturas, agora periféricas, silenciadas em uma tentativa de controlar esses indivíduos.

Segundo Bona e Bona (2016), o ato de enaltecer uma cultura hegemônica e excludente funciona, inclusive, como mecanismo de controle dos sujeitos que estão inseridos nessa cultura e sociedade. Para tanto, os indivíduos não precisam perceber a cultura nem dar-se conta de como ela os afeta, mas ela transparece em suas práticas e os indivíduos "[...] têm certeza de que podem ser ridicularizados a qualquer momento se não estiverem familiarizados com os saberes que ela exige como verdadeiros" (Bona; Bona, 2016, p. 428).

Como toda cultura está invariavelmente relacionada a um grupo social, a cultura hegemônica está vinculada às classes mais favorecidas enquanto essas possuem maiores meios de lidar e ressignificar essa cultura. "Esta blindagem cultural favorece alguns e desqualifica outros" (Bona; Bona, 2016, p. 428), agravando a distância social entre as classes mais favorecidas e as mais desfavorecidas.

Wacquant (2013, p. 88), a partir de Pierre Bourdieu, explica que "[...] o estofo da realidade social - e, portanto, a base para a heterogeneidade e a desigualdade - consiste de relações. Não de indivíduos ou grupos, que povoam nosso horizonte mundano, mas sim de redes de laços materiais e simbólicos". A partir disso, as classes sociais, "[...] modalidade de agrupamento social e fonte de consciência e conduta" (Wacquant, 2013, p. 89), são criadas e consolidadas pela competição, em busca de adquirir e controlar diversas formas de poder em diferentes setores da vida humana. Essas disputas determinam as prioridades sociais que produzem capital e a conversão entre capital econômico e capital cultural.

As classes sociais são formadas[5] por meio da agregação simbólica de representações relacionadas a localidade, etnicidade, estilos de vida etc. Isso ocorre porque "[...] o agente social é um *animal symbolicum*, que habita um mundo vivido e construído através do prisma de construtos da linguagem, do mito, da religião, da ciência e de conhecimentos variados" (Wacquant, 2013, p. 90).

Isto é, a cultura hegemônica está vinculada à classe social que venceu a disputa de representação, estabelecendo um modo de vida acima de outros tantos. Essa cultura é composta por uma simbologia de representação dessa classe social, e é difundida para além dessa classe visando sobrepor-se aos demais grupos. Essa dominação é facilitada porque

---

[5] Há outras percepções teóricas quanto a formação das classes sociais, como a divisão econômica apresentada por Marx — conforme apontada por Wacquant (2013) —, mas o viés cultural e simbólico nos é mais relevante neste momento da pesquisa.

> Todos estão, individual e coletivamente, cercados por palavras, imagens, ideias e signos que penetram ouvidos e mentes. Estas mensagens circulam na sociedade e atinge a todos, sem que saibam ou tenham consciência imediata de sua aproximação. (Bona; Bona, 2016, p. 424).

Os símbolos de representação de uma classe ou grupo social dentro de uma cultura se dá por meio da linguagem, pois "[...] tudo o que o sujeito propõe em sua presença no mundo é, portanto, narrativa" (Venancio; Farbiarz, 2016, p. 64). Em outras palavras, Guimarães e Sena (2016, p. 15) explicam que "[...] a linguagem estabelece um grau limpo de reflexão do verdadeiro significado de algo que há no mundo [...], já que o falante impõe o significado através da linguagem". Segundo os autores, a formação dos signos fará o indivíduo dar significado e conceituar as relações vividas e essas relações reunidas integram a forma com o indivíduo significa a cultura.

Essa relação de poder entre classes sociais gera dominação e controle da elite "[...] sobre os grupos que têm menor representatividade se dá dentro da própria estrutura de sociedades que se dizem multiculturais, e que, ao menos no que diz respeito à diversidade populacional, de fato o são" (Venancio; Farbiarz, 2016, p. 60). Quando essas culturas periféricas são silenciadas — em outras palavras, têm suas oportunidades e espaços de expressão tolhidas —, esses grupos deixam de ser e sentir-se representados.

Isso ocorre porque, conforme Guimarães e Sena (2016, p. 11) a partir do teórico Stuart Hall, "[...] a questão de representatividade se dá conforme a produção do significado, do conceito, na mente do sujeito mediante a linguagem". Se os signos expostos naquela sociedade são apenas os da cultura hegemônica, se a linguagem daquela sociedade refere-se apenas à classe social privilegiada, as classes marginalizadas perdem sua "voz".

Segundo Rocha (2018), à luz do sociólogo Jessé de Souza, as classes marginalizadas são percebidas como tendo as mesmas condições que as classes privilegiadas, em que sua exclusão social (cultural, financeira, política etc.) é um acaso que pode ser revertido.

Ignora-se todas as questões histórico-culturais da sociedade brasileira que permitem, constituem e fomentam a discriminação sobre essas pessoas empurradas para a margem, para longe de serem aceitas por estarem longe do padrão, vendendo a ideia de que estão onde estão por falta de vontade de ascensão social/cultural/econômica, dado que todos, nessa visão, teriam as mesmas capacidades.

> Portanto, é necessário um olhar sobre a diferença que o outro representa, bem como sua aceitação. E não somente aceitação no sentido de "tolerância", o que, aliás, passa uma ideia de que a diferença não deve ser incluída, mas apenas tolerada. O exercício de alteridade vai além disso, e deve considerar, também, o poder da representatividade e sua necessidade na inclusão de minorias de forma igualitária na sociedade. (Venancio; Farbiarz, 2016, p. 64).

A representatividade é necessária, pois "[...] as sociedades ditas 'multiculturais' não vivem sua diversidade em harmonia" (Venancio; Farbiarz, 2016, p. 62). Essas tensões levam à necessidade de estratégias para administrar conflitos de diversidade e, para tanto, a representatividade não é uma exposição dos grupos sociais marginalizados ou uma representação alegórica e estereotipada; a representatividade exige que esse grupo perceba-se de fato e que haja identificação nesse ato.

Porém, "[...] muitas vezes a apropriação da diversidade na cultura dominante pode acabar por esvaziar as culturas que a elas acabam sendo subordinadas, tornando-as parte de uma cultura homogeneizada e hegemônica" (Venancio; Farbiarz, 2016, p. 61), o que pode gerar a criação de estereótipos. A estereotipação é o oposto da representatividade, pois é um ato desumanizante a apresentação de uma caricatura desse grupo, reforçando o senso comum e os preconceitos relacionados a ele.

Quando falamos da representatividade de gênero, podemos observar que

> Representações socialmente construídas sobre o masculino e feminino determinam normas com-

pulsórias de identidades legitimadas estrutural-mente. A representatividade na arte contrapõe, por muitas vezes, espectros construtivos binariamente heterocentrado embora, em diversos casos, são a súplica contraditória da transidentidade que se torna "exótica" mediante espetacularização cultural. São sujeitos que estão constantemente associados ao conhecimento precarizado de suas identidades. Este estima social corrobora para desinformação, patologização e hostilização sobre indivíduos mar-ginalizados. (Carvalho, 2021, p. 361).

O indivíduo pertencente a uma cultura periférica, então, passa a ser o "outro" frente àqueles que se sentem representados pelo *status quo*. A cultura hegemônica apropria-se do que é este outro para incluí-lo na sociedade a partir de padrões preestabelecidos. "O que ajuda a compreender porque muitas vezes não se questiona a representação do negro e da mulher, pois estão representados de modo coerente com o discurso dominante" (Venancio; Farbiarz, 2016, p. 65).

Segundo Venancio e Farbiarz (2016), a representação dessas culturas periféricas — e dos indivíduos que a compõe — só é questio-nada quando foge desses padrões hegemônicos, onde esses indivíduos são relegados a papéis secundários e estereótipos construídos his-toricamente. Principalmente porque muito da representação desses indivíduos marginalizados se dá a partir dos grupos hegemônicos: *blackface* ainda é um tópico atual de debate, por exemplo.

Na contribuição do desfoque de pessoas trans, na impossibilidade de serem representadas por si mesmas, principalmente, como detentoras de suas narrativas, na ocupação de espaços demarcados pela negação de suas identidades. No cinema, teatro e televisão, por exemplo, a atuação de filmes e séries, frequentemente, são compostas de personificações de homens cisgêneros interpretando mulheres trans e travestis, enquadradas no estigma social preca-rizado de "homem vestido de mulher" para con-figurar uma identidade transfeminina. (Carvalho, 2021, p. 363).

Guimarães e Sena (2016) apontam que uma representação de forma chamativa, estereotipada, visa a docilização do corpo do indivíduo e, inclusive, das instituições sociais. Brighente e Mesquida (2011), a partir de Michel Foucault, explicam que os corpos dóceis são corpos obedientes, que aceitam passivamente o que é posto, provocando a tendência das classes sociais periféricas de repetir o discurso homogeneizador da cultura hegemônica. Porém, é possível que o efeito seja contrário.

Grupos oprimidos percebem os símbolos — principalmente os de representação da sociedade — de forma diferente do olhar privilegiado, provocando que, "[...] a partir da reprodução de discursos dominantes em detrimento da representação de grupos oprimidos, acabam por fazê-los ver sua própria opressão e reivindicar seu lugar de fala na cultura" (Venancio; Farbiarz, 2016, p. 63).

Essa busca pela "voz" perdida coloca esses grupos em posição crítica contra os estereótipos, exigindo uma representatividade coerente. Para tal, a sociedade precisa buscar compreender esses grupos "[...] em sua diferença, evitando a formulação de juízos pré-concebidos, ou a negação de revisá-los, formulando, então, os estereótipos que pautam uma visão preconceituosa sobre o outro" (Venancio; Farbiarz, 2016, p. 67). A exposição de um "novo modelo" desses grupos periféricos, em que eles são retratados como são, provoca um estranhamento que impele nos indivíduos a reflexão sobre o espaço marginalizado que a cultura hegemônica designou a esses grupos.

SOBRE GÊNERO

Os coletivos humanos tendem a estabelecer, culturalmente, lugares sociais para os indivíduos de acordo com suas diferenças. Uma das primeiras divisões deu-se por meio da estrutura biológica e anatômica do sexo, uma construção social que imbuiu o macho humano de funções distintas das fêmeas. Estes papéis aprofundaram-se ao longo do tempo até constituírem uma desigualdade social entre homens e mulheres.

A partir dessas estruturas socioculturais, então, nascem os estudos que vêm a cunhar o conceito de gênero, separando a estrutura biológica da social. "A priori, a utilização do conceito apresentou um caráter de contraponto respondendo as interpretações biologistas que vinculam a diferença sexual às posições sociais hierarquicamente diferentes entre mulheres e homens" (Santos, 2006, p. 4).

Essas pesquisas sociológicas que separam o sexo anatômico do gênero social são consideravelmente recentes, nascidas do movimento feminista do século XX. Anterior a elas, a produção científica buscava justificar papéis sociais por meio do corpo biológico dos indivíduos, em que, segundo Santos (2006), a menor força física da mulher a faria naturalmente frágil.

> Dentre estes argumentos, destacamos a criação do mito do sexo frágil o qual é, ainda hoje, determinante para reprodução de condutas sexistas que discriminam a participação feminina em certos âmbitos sociais. A origem deste mito remete aos últimos três séculos, quando o uso político do corpo humano serviu de base para a construção de um dispositivo econômico da sexualidade fundado na idéia da mulher frágil, mãe de família e senhora da casa, e homem forte trabalhador e dono dos espaços públicos. (Teixeira; Caminha, 2013, p. 276).

À luz da historiadora Joan Scott, Torrão Filho (2005) atenta que o conceito de gênero dá sentido às diferenças entre os corpos, transformando seres anatomicamente machos e fêmeas em seres sociais homens ou mulheres. Não há nada no corpo feminino que torne, por natureza, a mulher obediente ou vaidosa e o homem frio e racional. "Se há diferenças biológicas entre os sexos, não são elas que determinam as desigualdades entre eles" (Torrão Filho, 2005, p. 138-139).

Para Jakimiu (2011), o gênero é construído nas relações sociais por meio das diferenças percebidas entre os sexos, ao mesmo tempo que dá significado às relações de poder por meio da cultura, que é simbólica e arbitrária. O processo de constituição do gênero não é natural, ocorrendo por meio das relações interpessoais: o corpo é um agente da cultura que o rodeia, e esta constrói as identidades sociais, sexuais, de gênero e de geração.

Ou seja, gênero é uma construção social que foge de qualquer estrutura biológica e anatômica. A definição do que é "ser mulher" e/ou "ser homem" está além do corpo, senão é uma concepção do que a sociedade quer para os indivíduos que nasceram com este ou aquele corpo. "Não apenas as mulheres aprendem a ser femininas e submissas, e são controladas nisto, mas também os homens são vigiados na manutenção de sua masculinidade" (Torrão Filho, 2005, p. 139).

> Antes mesmo de nascer expectativas já são criadas para o novo indivíduo. A primeira pergunta a nova alma anunciada é: É menino ou menina? Da cor do quarto a escolha profissional, as oportunidades de vida já são construídas pela família que o espera. Sua suposta fragilidade ou virilidade já está construída no imaginário social familiar e será levado consigo por toda vida, tendo peso imponderável em suas escolhas pessoais. Mais do que uma identidade apreendida, o gênero desta nova alma estará imerso nas complexas teias das relações sociais, políticas, econômicas e psicológicas entre homens e mulheres. Relações estas que fazem parte da estrutura social institucionalizada da sociedade. Esta construção é dada através de processos de socialização e educação dos sujeitos para se tornarem homens ou mulheres e ainda, no estabelecimento dos padrões sociais entre eles. (Santos, 2006, p 8-9).

O gênero difere-se do sexo anatômico. É importante considerar que o sexo biológico é também uma construção social, pois considera como existente apenas dois corpos: um masculino, com pênis e cromossomos XY, e um feminino, com vagina e cromossomos XX. Porém, há outras estruturas biológicas que rompem essa concepção, apresentando outros sexos biológicos que são comumente abafados em prol do *status quo*.

Para a consolidação social do gênero, porém, não são consideradas as demais instâncias biológicas e apenas a genitália é representativa. Considera-se apenas o sexo anatômico, a estrutura externa do corpo.

Não é intuito deste trabalho adentrar ao debate da questão, mas crê-se importante trazer à luz essas questões como forma de reforçar e esclarecer a construção social do gênero — e do sexo padronizado — sobre os indivíduos e seus corpos. Pois é senso comum que há apenas "homem" e "mulher" e, respectivamente, nada além de "XY" e "XX".

Por muito tempo vinculou-se o sexo anatômico e a identidade de gênero como estruturas únicas, indissociáveis e universais, em que, socialmente, crê-se que a pessoa deve identificar-se — entender seu lugar social, ter seus gostos e apresentar personalidade de acordo — com a estrutura e a genitália que seu corpo apresenta no nascimento. Esquece-se, no entanto, que "[...] o próprio saber biológico formulado para explicar a natureza humana [...] é um dado culturalmente localizado" (Reis; Pinho, p. 9, 2016).

A mesma percepção social que alega que o sexo anatômico define o gênero também prevê que o gênero define a sexualidade, tornando "natural" a heterossexualidade: um biologismo que limitaria socialmente como uma única forma correta para sexualidade e afetividade. Por isso uma necessidade tão grande em normatizar os corpos dentro da binaridade do sexo anatômico.

Fala-se, aqui, em sexo anatômico pois o senso comum refere-se muito mais aos corpos e como eles devem ser ou se parecer. O sexo biológico envolve a estrutura cromossômica que nem sempre efetiva-se na estrutura do corpo. Observemos que

> Foi somente na década de 50 que o papel do cromossomo Y começou a ser ressaltado. A princípio,

acreditava-se que o cromossomo Y fosse necessário e suficiente para a determinação do testículo, mas logo a experiência clínica incumbiu-se de mostrar situações em que, apesar do Y, o testículo não se desenvolvia (mulher XY). Por outro lado, sua ausência não impedia o desenvolvimento testicular (homem XX). (Damiani; Dichtchekenian; Setian, 2000, p. 249).

Recentemente, segundo Santos e Araujo (2004), a raridade das pessoas intersexo diminuiu drasticamente a partir do aprimoramento das técnicas de diagnóstico, de 1:14000 nascimentos para 1:2000. Segundo Maciel-Guerra e Guerra-Júnior (2005), a revisão e ampliação dos conhecimentos acerca das DDDS (Distúrbios da Determinação e Diferenciação do Sexo) leva a uma preocupação crescente dos aspectos éticos quanto ao atendimento desses pacientes.

A partir dos autores lidos, remonta-se o debate sobre os procedimentos cirúrgicos, sem consentimento do paciente, que visam adequar a genitália do indivíduo ao padrão binário esperado. Debate-se os impactos psicológicos futuros nos indivíduos operados, em que um gênero lhes foi imposto a partir de alterações de seu corpo. As intervenções médicas que, mesmo quando a intersexualidade não causa danos à saúde, visam "adequar" os corpos intersexo dentro do ideal binário são culturais: esses corpos fogem do que é socialmente construído como "humano". Ou seja, "[...] a normalização compulsória dos corpos e das identidades torna evidente o binarismo homem-mulher, intentando construir e atribuir às identidades sexuais uma coerência necessária entre o corpo sexuado com suas práticas e seus desejos" (Souza; Carrieri, 2010, p. 57).

A percepção social nos conhecimentos biológicos ignora as divergências de combinações cromossômicas, transformando-as em patologias para biologizar o sistema binário. Afinal, considerar outras estruturas biológicas do sexo humano quebra essa estrutura macho-fêmea, pois segundo Pino (2007, p. 152)

A intersexualidade suscita importantes reflexões sobre os paradoxos identitários quase invisíveis, propiciando análises sobre a construção do corpo sexuado, seus significados sociais e políticos, assim como sobre o processo de normalização e controle social não apenas dos intersex, mas também de todos os corpos.

A experiência intersex mostra em níveis extremados a normalização compulsória dos corpos e das identidades, pois evidencia a restrição das identidades de gênero ao binarismo homem-mulher e a das identidades sexuais a uma suposta coerência necessária entre corpo sexuado, práticas e desejos.

Assim, a natureza sabotaria a estrutura dos sexos binários. Por essa lógica, segundo Reis e Pires (2016), a transgeneridade — que segundo Bernini (2012) seria a identificação com o gênero oposto ao sexo de nascimento — não seria um desvio do natural, mas sim um desvio da imposição social.

Isso posto, serve de fomento à ideia já exposta sobre a construção social dos corpos e do sexo biológico. Por muito prevaleceu o sexo anatômico acima das demais estruturas biológicas e sociais do indivíduo.

A concepção cultural da sociedade em que a pessoa nasceu passa a exercer limites sobre ela a partir do que se espera de seus genitais. E esses limites mudam, alterando o que é "coisa de homem" e "coisa de mulher", conforme diferenças culturais. Reis e Pinho (2016, p. 9), à luz da antropóloga social Maria Heiborn, apontam "[...] que a espécie humana possui indivíduos machos e fêmeas, mas que a qualidade de ser homem e ser mulher vai ser diferenciada pelo contexto sociocultural que o indivíduo se insere".

Assim, um corpo XY com genitais masculinos é biológica e anatomicamente igual em qualquer lugar, mas o "ser homem" muda de sociedade para sociedade. Em uma cultura é "coisa de homem" usar roupas que lembrem saias (como os *kilts* escoceses) ou vestidos (como a *kandura* árabe), enquanto nas culturas ocidentais — como a brasileira — isso seria inadmissível para um "homem". Da mesma forma, "[...] a utilização de utensílios caracterizados como femininos (brincos, batom ou saia) por corpos caracterizados também como femininos (silhueta e traços finos, presença de vagina) tende a manter essa prática social e culturalmente localizada" (Reis, 2017, p. 168). Isso porque

> [...] o que é considerado do sexo masculino ou feminino no Brasil, pode não acontecer dessa mesma forma do outro lado do mundo, no Japão, por exemplo. Ou seja, inclusive o sexo, que deveria ser uma separação exclusivamente biológica, é influenciado pelo meio social e pelo conjunto de características históricas da região em que vive. (Souza; Costa, 2017, p. 7).

Essa separação e classificação do lugar da mulher e do lugar do homem, das coisas de mulher e das coisas de homem, da função social da mulher e da função social do homem não estão vinculadas aos corpos, mas às percepções socioculturais sobre esses corpos. "As condições e os lugares sociais são construções históricas, variam no tempo. Não podem ser entendidos como naturais, prontos e acabados. Nossas condições não são imutáveis" (Santos, 2006, p. 5).

Ou seja, a divisão de funções entre o que se entende por homem e o que se entende por mulher tal qual a

> [...] hierarquização das relações entre homens mulheres, também denominadas de sexismo, são fruto de uma sexualidade binária que cria um espaço social sexualizado, espaço que atua como sinalizador dos possíveis lugares a serem ocupados. (Souza; Carrieri, 2010, p. 54).

Dessa forma, o gênero é a estrutura social, histórica e cultural que permeia as pessoas por meio de suas identidades e seus corpos, desvinculado de uma condição ou "destino manifesto" do corpo de nascimento. "Diferenças entre as mulheres e os homens constroem diferenças de acesso aos recursos produtivos, simbólicos e culturais. Com efeito, gênero legitima as relações de poder apresentando um tipo de valorização social e política" (Santos, 2006, p. 11), em que a mulher fica subalterna ao homem.

Santos (2006, p. 5), a partir da pesquisadora Heleieth Saffioti, aponta que gênero é "[...] uma maneira de existir do corpo e o corpo é uma situação, ou seja, um campo de possibilidades culturais recebidas e reinterpretadas". O corpo, então, pode influenciar na situação das pessoas no mundo, mas não é suficiente para definir essas pessoas como homens ou mulheres.

Isso se dá porque o senso comum marca e define quem é e o que é ser homem ou mulher pelo corpo. Os papéis sociais são atribuídos, então, de acordo com o sexo anatômico, ignorando as estruturas socioculturais em torno do indivíduo e, até mesmo, a estrutura biológica daquele corpo.

> Cada um, mulher e homem, estão imersos em um mar de símbolos que se corporificam através dos comportamentos impostos pela ética hegemônica. A identidade de gênero neste sentido influencia não somente a visão que temos de nós mesmos, mas também, a visão e a expectativa que os outros têm de nós, influenciando as escolhas e oportunidades que nos são apresentadas a cada dia. (Santos, 2006, p. 13).

Todavia, cabe ao indivíduo identificar-se ou não com os símbolos impostos pela cultura social em que está inserido. "Os gêneros se inscrevem e se manifestam no corpo, cuja compreensão ocorre em duas dimensões: como agente construtor e como ser construído – biológica e socialmente" (Reis, 2017, p. 168). Como integrante, pacífico ou não, dessas práticas, o indivíduo passa a reproduzi-las ou transformá-las de acordo com o que percebe sobre si próprio.

A Sociedade Brasileira de Pediatria (SBP), em seu Guia Prático de Atualização de junho de 2017, explica que "A identidade de gênero tem início entre 2-3 anos de idade. Entre 6-7 anos, a criança tem consciência de que seu gênero permanecerá o mesmo" (Sociedade Brasileira de Pediatria, 2017, p. 1) e que "A identidade de gênero é uma categoria da identidade social e refere-se à autoidentificação de um indivíduo como mulher ou homem ou a alguma categoria diferente do masculino ou feminino" (Sociedade Brasileira de Pediatria, 2017, p. 2).

Essa "categoria diferente do masculino ou feminino" a que a SBP se refere trata-se do espectro de gênero não binário. Pois "[...] há pessoas cuja identidade ultrapassa a divisão binária, isto porque não se encaixam somente no masculino ou no feminino" (Souza; Costa, 2017, p. 8).

É importante ressaltar que o gênero, seja binário ou não binário, é desvinculado da sexualidade. Conforme Souza e Costa (2017, p. 8),

> [...] a identidade de gênero se trata da forma como cada ser humano se reconhece, seja como masculino, feminino ou uma mistura de ambos, independentemente do sexo biológico e da orientação sexual; incluindo o modo de agir, de vestir, de andar, de falar.

Dessa forma, ressalta-se que o gênero é tanto um papel social quanto uma identidade assumida. Como papel, é uma estrutura cultural que impõe um lugar social baseado na estrutura anatômica da genitália de nascimento do indivíduo. Como identidade, é a percepção da pessoa sobre si, identificando-se parcial ou completamente com uma ou outra representação cultural.

REPRESENTATIVIDADE DE GÊNERO NA EDUCAÇÃO

Dentre os espaços de formação do indivíduo, o ambiente escolar por vezes rivaliza com o familiar. É na escola que o indivíduo tem contato com outros que não sejam sua família, outros com outras crenças, outras culturas, outras percepções de mundo. Mesmo na mais tenra idade, essas diferenças se sobressaem nas relações interpessoais, gerando afinidades ou afastamentos.

É na escola que as crianças encontram diferenças socioeconômicas, diferenças de valores individuais e familiares, ao mesmo tempo que se igualam (ao menos em teoria) na prioridade de atenção. O conflito entre o que são com o que o outro é constitui-se na aceitação do outro — com a construção de vínculos e amizades — ou no afastamento do outro — e a postura de rechaço. É o contato com o diferente que permite a construção de uma visão de mundo mais ampla ou uma percepção social mais limitada.

Além de formarem o indivíduo como parte da sociedade, a escola e a família — mas principalmente a escola para este estudo — formam-no como sujeito ou o coisificam socialmente. Permitem que ele seja livre ou prendem-no dentro de diversas camadas de expectativas, normatizações e papéis sociais.

O indivíduo pode sair da escola — ou ir além da própria família — como agente social e de transformação social ou como multiplicador do senso comum e do *status quo*. Desde suas escolhas profissionais até a (não) aceitação de sua forma de expressar-se, tudo passa pela formação escolar.

Tudo depende do currículo ao qual o aluno é exposto. Não apenas o currículo formal — cujo foco, de acordo com a legislação e a BNCC, culmina no sujeito crítico e democrático —, mas o currículo real e, principalmente, o currículo oculto. São as premissas culturais dos professores que podem ampliar ou reduzir o repertório de democracia à diversidade dos alunos, são os profissionais (de todos os setores) da escola que permitem o aluno a refletir ou apenas a reproduzir.

Por isso é tão importante que o indivíduo tenha liberdade para perceber-se como sujeito e entender seu lugar no mundo. Essa liberdade perpassa pela aceitação de quem ele é pelo meio em que se insere, sem riscos de qualquer forma de violência, e também pela percepção de que ele não é único e, consequentemente, "anormal".

Essa visão sobre o que é "ser normal" está vinculada com a percepção de que há iguais a si, de que não se é sozinho. Por isso a representatividade é tão importante no meio escolar e sua discussão passa a ser tão relevante.

A ESTRUTURA ESCOLAR FRENTE ÀS CONCEPÇÕES DE GÊNERO

A instituição escolar molda os alunos de acordo com preceitos sociais que julga como correto. Essas concepções se dão de acordo com a sociedade em que a escola está inserida e são oficializadas por meio da documentação pedagógica que a escola produz. Dessa forma, o ambiente educacional gera em seus alunos diversos impactos, positivos ou negativos.

Para entender o impacto escolar referente às identidades sociais, buscou-se a percepção de ex-discentes que hoje trabalham com alguma forma de educação. Visou-se entender o papel, positivo ou negativo, da escola na formação de suas identidades e, consequentemente, relações sociais.

Esta seção da pesquisa se deu a partir de entrevistas com indivíduos cuja identidade de gênero foge do padrão social e que hoje trabalham com diferentes modalidades de ensino. As perguntas foram divididas em: como eram as escolas em que estudaram? Como eram suas vidas como discentes? Como são suas vidas profissionais.

Na época da entrevista, a entrevistada A. era mestra, doutoranda, professora de pós-graduação e pesquisadora de gênero social e literatura. É pessoa transfeminina, mas ainda se questiona se sua identidade é como mulher trans ou como travesti. Estudou grande parte da educação básica no estado do Rio de Janeiro, concluindo o ensino médio no estado de Minas Gerais, entre os anos de 1996 e 2005.

A entrevistada B. era graduada na área de música e trabalha com ensino de música e preparação de atores para teatro. É uma pessoa de identidade não binária, principalmente, e transfeminina. Estudou em escolas do estado de São Paulo, entre os anos 2000 e 2014.

O entrevistado C. era professor da rede pública municipal de ensino básico e desempenhava funções de assessoria pedagógica a escolas de ensino fundamental na Secretaria de Educação do município em que vive. É um homem cisgênero homossexual. Estudou em escolas do estado do Rio Grande do Sul entre os anos de 1985 e 1997.

Cabe aqui explicações prévias sobre as nomenclaturas apresentadas.

a) Cisgênero ("cis"): conforme Bicalho *et al.* (2014), cisgênera é a pessoa que se identifica com o gênero designado em seu nascimento. Segundo Hining e Toneli (2023), a cisgeneridade é o sentimento de conformidade da pessoa com o gênero que lhe foi designado ao nascer a partir de seu sexo anatômico. Ou seja, a pessoa cisgênera é aquela cuja identidade de gênero está de alinhado com o gênero e ao sexo designado ao nascer e com os sentimentos e as subjetividades inerentes às concepções sociais de gênero e sexo.

É a identidade de gênero pela qual surge a norma cultural e, consequentemente, acarreta os privilégios do *status quo*. Mulher cis é a pessoa com vagina e cromossomos XX que se identifica como mulher; homem cis a pessoa com pênis e cromossomos XY que se identifica como homem. É quem é socialmente reconhecido por seu gênero, sem ser questionado (a priori) por como se identifica.

b) Transgênero, transexualidade ("trans"): perante os textos que embasam esta pesquisa, a transgeneridade/transexualidade é o sentimento de inconformidade da pessoa com o gênero que lhe foi designado ao nascer a partir de seu sexo anatômico. Em outras palavras, a identidade da pessoa transgênera/transexual é oposta a identidade da pessoa cisgênera, inclusive nos espaços sociais: enquanto a pessoa cis é a norma, a pessoa trans é a marginalizada, estereotipada e discriminada. Assim, considerando apenas os gêneros "homem" e "mulher": a mulher trans é a pessoa que foi designada do sexo masculino ao nascer, e identifica-se como (e é) mulher; o homem trans é a pessoa que foi designada do sexo feminino ao nascer, e identifica-se como (e é) homem.

É inerente observar que

> [...] essa população ostenta uma identidade de gênero diversa da imposta pelos padrões heteronormativos, em que homem é homem e mulher é mulher, e qualquer coisa que fuja dessa norma é encarada com estranhamento. No caso de trans, esse estranhamento se traduz em assassinato dessa população.
>
> Ainda hoje, existe a ideia de que elas abdicaram do sexo atribuído no nascimento para se identificarem com o sexo oposto. Em uma sociedade machista como a brasileira, a população de trans é alvo fácil de ser discriminada e violentada, sem ao menos ter a chance de poder explicar o porquê dessas objeções. (Brasil, Ministério da Saúde, 2015, p. 9-10).

Em certa medida, é possível dizer que todo aquele que não é cis automaticamente é trans.

c) Travesti: segundo a Coordenadoria de Combate ao Racismo e Todas as Outras Formas de Discriminação (CCRAD), em seu Glossário Antidiscriminatório publicado em 2022, travesti é uma identidade de gênero feminina quase indiferenciável da identidade de mulher trans. Todavia, para além do gênero, a identidade de travesti também é uma identidade política e social tipicamente latino-americana, carregada com as próprias histórias de luta e resistência.

> As travestis são transgressoras do padrão que determina o conviver apenas nesses dois gêneros, sendo alvo de muitas violências e discriminações por essa transgressão. Também são, na sua maioria,

rejeitadas como membros da sociedade, tendo muita dificuldade na reinserção social. (Brasil, 2015, p. 10).

d) Não binaridade de gênero: ainda segundo a CCRAD (2022), uma pessoa não binária é alguém cuja identidade não se encaixa no binarismo homem-mulher. Dessa forma, a pessoa pode se identificar com "gênero fluído", "gênero neutro" e outras possibilidades, de acordo com o "espectro não binário". Ainda assim, uma pessoa não binária pode se identificar com a masculinidade ou com a feminilidade, mas não o suficiente para se ver apenas como "homem" ou apenas como "mulher".

Questionamentos centrais

A base das entrevistas foi pensada em quatro momentos, cada um deles visando compreender a percepção das pessoas entrevistadas quanto: a questões de gênero, à instituição escolar, suas experiências como aluno e suas práticas como profissional da educação. As conversas ocorreram por meio do aplicativo WhatsApp, com troca de áudios. Outras perguntas, em decorrência das listadas a seguir, foram feitas conforme necessidade de dar profundidade nas respostas, mas sem fugir do intuito da pergunta original.

1. Você percebe como existente uma única masculinidade e uma única feminilidade na sociedade? Que existe um padrão social para a masculinidade e para a feminilidade?

2. Sobre as escolas em que você estudou:

a. O que a escola entendia por gênero?

b. A escola fazia divisões dos alunos por gênero, em questões de estrutura? Quais? Por quê? (Exemplo: banheiros, filas, separação dentro da sala etc.)

c. A escola fazia outras atividades que separam os alunos por gênero? Ou tinha expectativas de desempenho diferentes entre os gêneros em alguma atividade?

d. O que a escola entendia como postura de cada gênero? Quais eram essas posturas? Por que elas ocorriam? (Exemplo: os meninos são mais bagunceiros e as meninas são mais calmas; os meninos são mais desleixados e as meninas são mais organizadas; e outras situações nesse sentido).

e. Como a escola reagia quando um aluno demonstrava uma postura ou um comportamento não condizente com seu gênero? (Exemplo: menino organizado ou menina desleixada; menino delicado e emotivo ou menina ríspida; menino de unha pintada/maquiagem ou menina de cabelo muito curto etc.).

f. Quando um aluno praticava *bullying* (algum tipo de piada ou mesmo uma agressão física) contra um aluno com postura não condizente com o gênero, como a escola agia? Por quê?

g. A escola fazia algum trabalho *antibullying* com os alunos? Como este se dava? Eram tratadas as questões de comportamento não condizente com o gênero?

h. A escola tomava alguma atitude como conversar com os responsáveis dos alunos com posturas não condizente com o gênero? Como eram essas conversas? Por quê ocorriam?

3. Sobre sua vida como aluno:

a. O que você entende por representatividade de gênero? Considera importante?

b. Havia representatividade de gênero na escola? Você sentia-se representado?

c. Onde, em que espaços, você encontrou representatividade?

d. Você considera não ter o gênero (identidade ou expressão) condizente com aquele designado a você no nascimento?

e. Você sofreu *bullying* (ouviu piadas ou sofreu qualquer tipo de violência direta) na escola por conta disso?

f. Como foi viver a época escolar? Você sentia-se deslocado de alguma forma? Sentia-se representado em alguém?

g. Você acredita que se houvesse uma pessoa de gênero (identidade ou expressão) não condizente com o socialmente designado trabalhando na escola, teria facilitado sua fase escolar?

h. Você entende que a educação atual é castradora e limitadora, impondo uma percepção única de gênero sobre os alunos?

4. Sobre seu posicionamento como educador:

a. Você trabalha com que forma de educação? Escola formal, ensino básico ou outro tipo de instituição?

b. Como você vê sua trajetória e o que faz para que outras crianças não passem pelo que você passou?

c. Você acredita que sua presença serve como representatividade para os alunos que atende?

d. Como você entende uma educação libertadora e sem gênero?

A concepção social de gênero dentro da escola

As entrevistas relatam a existência de um padrão de comportamento social para os homens e outro para as mulheres. Falam sobre a relação de poder entre masculino e feminino; e também sobre a relação de poder entre os próprios gêneros, em que a postura e o desempenho dos papéis sociais são comparados, sobressaindo-se aquele indivíduo que apresenta menos desvios do padrão socialmente imposto.

A entrevistada A. ressalta que as masculinidades e feminilidades são diversas e que há padrões de masculinidade e de feminilidade de acordo com o contexto social em que se inserem. Ainda assim, de acordo com o meio cultural, há um padrão de gênero e uma relação de poder entre o masculino e feminino.

Em concordância, o entrevistado C. aponta o gênero como construção social e diz que a escola é uma microestrutura da sociedade em que se insere. Logo, reproduz tudo que a sociedade produz em termos de comportamentos e relações sociais. Os papéis sociais são produzidos na cultura e pela cultura, restando à escola a reprodução daquilo que a sociedade reafirma ao longo do tempo.

Essa ideia é reforçada ao longo das entrevistas. Nas falas das pessoas entrevistadas, as escolas aparecem entendendo apenas uma única visão de masculinidade e uma única percepção de feminilidade, socioculturalmente estabelecidas de acordo com o local em que se inserem, ao mesmo tempo que produzem as e/ou nascem das concepções nacionais de gênero. Essas estruturas institucionalizadas também demonstram permanência com o passar dos anos, visto que as pessoas entrevistadas estudaram em períodos distintos.

A entrevistada B. aponta que a escola era uma das principais fontes que reforçava a masculinidade tóxica para os homens e feminilidade frágil para as mulheres. A entrevistada A. ressalta que qualquer pessoa que desviasse desse padrão, mesmo quem possivelmente fosse transgênero, era colocada como dentro da perspectiva da homossexualidade.

O entrevistado C. relembra que até mesmo a apropriação já citada dos espaços da escola, por parte dos alunos, era uma reprodução automática dos papéis de gênero. Nessa estrutura, criava-se as relações de poder dentro do mesmo gênero: ressaltavam-se os meninos que se destacavam nos esportes e/ou que tinham relacionamentos com várias meninas ("fama de pegador", segundo o entrevistado); e entre as meninas, adquiriam certo *status* aquelas que se relacionavam com meninos mais velhos. Culturalmente entre os alunos, formava-se assim aqueles que eram "mais meninos" que os outros ou "mais meninas" que as outras.

O entrevistado C. comenta que a escola por si só é generificada e que tem marcadores de gêneros por todos os espaços. Formalmente, as divisões estruturais nas escolas eram referentes a filas e banheiros. Havia também divisão nas aulas de Educação Física, bem como em outras atividades esportivas.

Aborda a predominância masculina na apropriação dos espaços esportivos, enquanto às meninas restavam espaços como a pracinha, a biblioteca e brincadeiras como pular corda. Trata também das atividades feitas pela escola, como as competições entre meninos e meninas. Segundo C., nas gincanas escolares havia o desfile da "Garota gincana", um concurso de beleza que concedia pontos às equipes das vencedoras, o que o entrevistado julga como absurdo que ocorresse dentro do espaço escolar.

A entrevistada B. relata que, por ter estudado em escolas de confissão, as atividades religiosas, tal qual as aulas de política, também eram separadas por gênero. Também comenta sobre o "chapeuzinho", que apenas os meninos podiam usar, de acordo com os preceitos da religião professada por essas instituições; o que a entrevistada chamou de "ultraortodoxo". Toda essa estrutura física e metodológica permitia pouca interação entre meninos e meninas.

B. relembra também que, por conta da estrutura religiosa da escola, os meninos tinham algumas vantagens. Um exemplo citado é que podiam chegar atrasados sob a desculpa de que estavam na reza da manhã; outro exemplo é que as brigas entre meninos eram relevadas, enquanto as das meninas eram tratadas com rigor e seriedade.

Dessa forma, as posturas de gênero esperadas pelas escolas eram de virilidade e brutalidade por parte dos meninos e de delicadeza e resguardo por parte das meninas. Segundo o entrevistado C., isso era visível entre os próprios alunos, por meio do uso dos espaços da escola. Explica que essa apropriação se dava pela produção clássica de que a masculinidade é forte, viril e habilidosa, já a feminilidade dar-se-ia na intelectualidade e calmaria, sem que se exercite demais.

Na experiência escolar da entrevistada A., quem fugisse dessas expectativas era repreendido, humilhado e castigado para "aprender" que sua postura era incorreta e que deveria agir de acordo com o gênero que lhe fora designado. Reforça que havia desde "piadas" dos professores até exposição desse aluno por parte da direção. Comenta que o *bullying* e a violência verbal era muito naturalizada pelas instituições, que só agiam em caso de violência física. Cita que uma menina poderia ser suspensa se fizesse bagunça como os meninos, pois era uma atitude esperada deles e não delas.

A entrevistada B. revela que a escola não lidava com questões de *bullying* e violência entre alunos, inclusive tolerava e considerava comum a violência física entre os meninos. Fala também que as meninas que fugiam do comportamento padrão eram vistas como delinquentes, enquanto os meninos eram taxados de "viadinhos". Segundo B., essa ruptura com o comportamento esperado fazia com que os professores tivessem uma relação diferente com esses alunos. Todavia, era costume da instituição ignorar essas posturas fora do padrão, dado que eram raras, não tomando nenhum posicionamento.

Por sua vez, o entrevistado C. comenta que existem medidas corretivas de pedagogia de gênero, em que a instituição e os professores buscam práticas curriculares para educar meninos de uma forma e meninas de outras. A negação e correção ou a concordância frente às ações do educando, ou mesmo piadas e ameaças de colocá-lo junto ao gênero oposto, são formas de reforçar ao discente as posturas entendidas como corretas.

O entrevistado C. também relembra que o Serviço de Orientação Educacional (SOE) era usado como mediador de situações de violência, aplicando sempre medidas corretivas comumente relacionadas a pedagogias de gênero. Não havia um debate ou uma ação preventiva quanto ao *bullying*, apenas reações que visavam abafar o caso e acalmar os ânimos; a instituição escolar só viria a agir frente a violência física, ignorando os motivos reais do conflito.

Quanto às expectativas de desempenho diferenciadas nas disciplinas escolares, relatou-se sobre cobrança maior sobre os meninos quanto às atividades físicas, enquanto a cobrança sobre as meninas se dava em disciplinas que exigiam menos do corpo. A entrevistada B. comenta também que os meninos eram mais cobrados nas aulas de religião, dado que a religiosidade "ultraortodoxa" tem protagonismo masculino.

Segundo a experiência do entrevistado C., havia a expectativa de bons desempenhos dos meninos na área da tecnologia. Já as expectativas sobre as meninas se davam quanto ao esforço, a dedicação, o cuidado, o capricho, a organização e o silêncio.

Em todas as entrevistas, há relatos de que nenhuma escola trabalhou qualquer questão de gênero. Mesmo as questões de feminismo e outros debates comumente presentes na disciplina de Sociologia.

A representatividade de gênero na escola

As pessoas entrevistadas concordam que a escola é um ambiente castrador quanto a identidades de gênero variantes. Todavia, apontam grandes avanços nos debates de gênero e sexualidade, bem como a entrada de profissionais LGBTQIAPN+ e novas abordagens acadêmicas nas escolas, como promessas de mudança.

O entrevistado C. demonstra otimismo ao falar que, como trabalha na Secretaria de Educação, conhece muitas escolas progressistas, que trazem a temática dentro do projeto político-pedagógico, trabalhando-a e debatendo-a ativamente com os alunos. Porém, admite que a maioria das instituições ainda reproduzem o modelo hegemônico dos padrões enraizados de gênero.

A entrevistada A. reconhece que teve sua feminilidade muito castrada. Diz que ouviu algumas "piadas" esporádicas, mas que por ser a pessoa mais nova das turmas em que estudou, era protegida e não sofreu outras violências frente a questões de gênero no período de escola.

A entrevistada B. comenta que essa estrutura escolar influenciou seu comportamento durante esse período. O entrevistado C. relata que, por sua masculinidade fugir do padrão, sofria violência verbal continuamente na escola.

A entrevistada A. diz que foi compreender como se sentia quando estava na graduação, onde conheceu pessoas trans, iniciando seu processo de autodescoberta. A entrevistada B. comenta que iniciou sua desconstrução de diversos preceitos sociais, inclusive de questões sociopolíticas que lhe eram pertinentes por viver em uma sociedade culturalmente religiosa, como conflitos geopolíticos que envolvem sua origem étnica, a partir dos intercâmbios que fez. O entrevistado C., por sua vez, diz que encontrou representatividade ao integrar o grupo de dança, na faculdade, onde encontrou muitos homens homossexuais e teve liberdade total para expressar-se através de seu corpo.

Assim, a representatividade de gênero é vista como um ponto importante, tanto vinda do corpo docente quanto entre o corpo discente. Em todas as entrevistas é citado que a representatividade é a chave para o autorreconhecimento e, consequentemente, para a autoestima. Ao mesmo tempo, também torna o ambiente escolar mais agradável e aconchegante, pois ajuda a combater o *bullying*, quebrando os tabus sobre as questões de gênero.

Na ausência dessa representatividade, a entrevistada A. relata que passou por sensação de deslocamento social e demora no reconhecimento da própria identidade, muitas vezes por não ser vista ou entendida como uma possibilidade de relacionamento. A entrevistada B., por sua vez, diz que sofreu muita violência física e psicológica de colegas e que, portanto, reproduzia essa postura violenta e todo padrão social, dado que era o único comportamento que conhecia.

O entrevistado C. relembra que se sentia deslocado e sozinho, principalmente no tocante à sexualidade. Retoma que estudou em uma época em que a aids era uma polêmica forte, com o filme Filadélfia (1993) no qual a personagem do ator Tom Hanks contrai HIV e vem a falecer em um ano, e com a face do cantor Cazuza, já em fase terminal, estampada nas capas de revistas brasileiras. A representação da homossexualidade na época era a doença e, por falta de representatividade, C. tinha "pânico moral" ao imaginar descobrindo-se homossexual.

Essa abertura pedagógica do ambiente escolar para os profissionais LGBTQIAPN+ permite que essa necessária representatividade se faça presente. Mesmo que ainda incipiente, os profissionais se fazem presentes de forma franca e aberta, abraçando a diversidade que seus alunos representam.

A entrevistada A., ao falar sobre sua atuação como educadora, inclusive enquanto bolsista do Pibid (Programa Institucional de Bolsas de Iniciação à Docência) junto a turmas normalistas, aponta que é imprescindível pontuar o ensino-aprendizagem no diálogo e na valorização da diversidade, permitindo que os alunos tenham liberdade e possam se reconhecer melhor. Aponta que suas falas e seus diálogos sobre as questões de gênero não se davam como um tema de uma aula, mas de forma transversal, visando apontar aos seus alunos que há muitas questões além das estruturas hegemônicas.

Assim, a entrevistada A. acredita que sua presença como professora da pós-graduação serve de representatividade para os alunos LGBTQIAPN+. Ela comenta que os alunos fizeram, inclusive, um abaixo-assinado solicitando que ela desse aula na graduação, que acredita que os alunos sentem falta de alguém que tenha uma identidade de gênero variante do padrão e que percebe que os alunos ficam felizes em tê-la em sala. Dessa forma, foi possível inferir, durante a entrevista, que a entrevistada A., por servir de representatividade para alunos e alunas LGBTQIAPN+, serve de representatividade para diversas masculinidades e diversas feminilidades.

Segundo a entrevistada B., não apenas ela, mas toda a escola de teatro permite uma representatividade de gênero. Comenta também que sempre inicia diálogos ou é procurada por pessoas com dúvidas ou interesse nos assuntos pertinentes a gênero e sexualidade.

O entrevistado C. diz que sua caminhada como professor é pautada por intervenções pedagógicas frente a situações de preconceito, principalmente de homofobia. Relata que sua boa relação com os alunos faz com que eles aproximem-se dele e acabem se policiando para não ofendê-lo de alguma forma.

Também comenta que é comumente procurado por alunos e alunas homossexuais como ouvinte de suas angústias ou dúvidas; que a presença dele como professor permite que os alunos verbalizem sobre seus sentimentos. Por sua masculinidade cisgênero fora do padrão, durante a entrevista, foi possível inferir que C. também serve de representatividade para os alunos e as alunas cisgênero que apresentam, respectivamente, masculinidade e feminilidade fora dos padrões.

Apontamentos sobre uma educação libertadora

Sobre suas percepções para uma educação mais libertadora e menos castradora de forma geral, todas as entrevistas apontaram para a diversidade cultural. Segundo a entrevistada B., é necessário que o ambiente considere válido todo tipo de autoconhecimento.

O entrevistado C. comenta que essa educação ocorre por meio do diálogo, o processo de escuta e de troca, entre professor, aluno e todos os membros da comunidade escolar, incluindo os órgãos democráticos como o conselho escolar e o grêmio estudantil. Aponta que é necessário uma horizontalidade, nunca uma verticalidade, entre professor e aluno, de modo que todas as vozes sejam ouvidas, permitindo que as ações dentro da escola sejam pensadas democraticamente.

A entrevistada A. fala sobre a necessidade de a educação ser pensada para todos, logo, fugindo dos estereótipos de gênero e a partir do entendimento de gênero como construção social que pode ser modificada. Aponta também para a necessidade da compreensão do gênero como uma estrutura que vai além do binarismo e que há muito mais identidades de gênero que apenas duas; que a binaridade faz parte do gênero, mas que o gênero não pode partir dela. Cita também a importância de discursos sociais e culturais, não apenas falado como também escrito, que permitam ao discente viver, perceber e se contactar com suas diversas formas sociais.

Constitui-se, assim, o pensamento em comum de que é necessário uma reestruturação das relações sociais dentro da escola para que a educação não seja um agente castrador dos alunos. Para que a instituição de ensino seja um agente transformador que permita aos alunos a livre formação de sua identidade social e adequada construção de seu conhecimento, é necessária uma estrutura representativa da diversidade social, constituída de forma plenamente democrática.

Observações gerais sobre Gênero e Currículo Oculto

Salvo percepções individuais e particulares, as respostas das três pessoas entrevistadas foram coesas. A cultura brasileira apresenta suas cristalizações em pontos bastante específicos frente às questões de gênero, com práticas sociais que se retroalimentam e se reformam em prol de um *status quo* determinado de gênero e de sexualidade, e de como expressar essas identidades padronizadas.

Dentro dos padrões, a norma só permite que os brinquedos X sejam de meninas e Y de meninos. Carros e espadas para uns, fogão-zinhos e vassouras para outras. Esta divisão já está educando o que se espera das crianças, em seu futuro como adultos. Isso perpassa, como apresentado pelas pessoas entrevistadas, pelas atividades ocorridas dentro da escola, quais eram destinadas aos meninos e quais eram esperadas das meninas.

Percebe-se a força com que o currículo oculto se apresenta dentro da educação formal. Tudo que é aprendido na sociedade é reproduzido pela e na escola, onde a perspectiva padronizada dos alunos é favorecida e reforçada por professores e funcionários ao validarem este ou aquele comportamento que concorda com o gênero — designado ao nascer a partir do sexo anatômico — que o aluno apresenta.

Essas estruturas apresentam-se basilares das concepções nacio-nais de gênero, apesar das diferenças regionais de masculinidade e feminilidade. É possível observar a grande abrangência cultural, dado que cada pessoa entrevistada viveu seu período escolar em um estado diferente, o que revela que — apesar das diferenças entre a masculinidade e a feminilidade gaúchas, fluminenses e paulistas — há uma "hegemonia nacional" da norma e da discriminação.

É preciso ressaltar, como apontado pelas pessoas entrevis-tadas, que há muitas formas de masculinidade e de feminilidade. Isto se dá pela cultura regional (e local), pelos valores com os quais a pessoa cresceu, pelas experiências que teve, pelos gostos pessoais etc. Uma mulher cis hétero pode apresentar uma feminilidade totalmente diferente de outra mulher também cis hétero. Assim como a masculi-nidade padrão de um determinado estado brasileiro vai ser diferente da masculinidade padrão apresentada por outro estado.

Como dito anteriormente, há muitas formas de ser homem e muitas formas de ser mulher. A norma é estrita, sempre uma meta que é difícil de se alcançar porque sempre há um pequeno desvio que, apesar de aceito, é relembrado constantemente para que outros desvios não ocorram. Assim, as feminilidades e masculinidades vão se afastando do padrão, ainda sem sair do polo binário do feminino ou do masculino: é possível ainda ser homem cis, mesmo que com uma masculinidade bastante fora do padrão; é possível ainda ser mulher cis mesmo com uma feminilidade longe da norma.

Alguns exemplos aqui foram dados por pessoas cisgêneras para tornar mais clara a informação, mas é importante reforçar que uma mulher é uma mulher, independentemente se é cis ou trans; *idem* para homens. Refere-se aqui a identidades binárias, nas quais o gênero é lido apenas pelos extremos: ou homem ou mulher, apenas.

Podem ir desde pequenas características, como trejeitos, até tópicos maiores, como "proibições" de atos (o que pode ou não ser dito, se pode ou não e o que pode dançar etc.). Todavia, a feminilidade padrão e a masculinidade padrão sempre apresentam um comum: a necessidade de oprimir tudo que fuja muito desse padrão, para impedir a quebra total das concepções cristalizadas do que é mulher e do que é homem. Assim, mesmo tendo crescido em meio uma determinada visão de masculinidade, cada pessoa entrevistada apresentou uma fala coesa com a das demais ao relatar as discriminações vivenciadas e presenciadas em prol do *status quo*.

As pessoas entrevistadas também apontam que, apesar de campos completamente diferentes, sexualidade e gênero são comumente confundidos. Como apresentado nesta obra, a identidade de gênero é o resultado de como a pessoa se vê, enquanto sexualidade seria como a pessoa se interessa afetiva/sexualmente por outra(s) pessoa(s)[6]. Ou seja, uma pessoa não é trans (gênero) por

---

[6] É interessante como o site da Unicef Brasil (Fundo das Nações Unidas para a Infância) aborda o tema em seu artigo "Gênero VS Sexualidade", de 2023: "O conceito de identidade de gênero está atrelado ao relacionamento da pessoa com seu próprio corpo. [...] Já a sexualidade diz respeito a com quem alguém se relaciona". Disponível em: https://www.unicef.org/brazil/blog/genero-vs-sexualidade. Acesso em: 20 abr. 2024.

ser homossexual (sexualidade) nem é heterossexual (sexualidade) por ser cis (gênero).

É importante ressaltar também que a identidade de gênero de alguém não afeta diretamente seus interesses afetivo-sexuais; ou seja, um homem trans pode ser hétero (atrair-se apenas por mulheres) e isso não faz dele uma "mulher lésbica vestida de homem", assim como um homem trans pode ser gay (atrair-se apenas por homens) e isso não faz dele uma "mulher hétero masculina". Seu gênero é uma instância de sua vida; sua sexualidade é outra instância.

Todavia, como apresentado nas entrevistas, por exemplo, uma pessoa que apresente inconformidade com o gênero masculino (que lhe designaram no nascimento) vai ser lida a princípio — principalmente na fase escolar, durante a infância e a adolescência — como homem cis gay, não como mulher trans. Este é um estigma ainda carregado pelas pessoas trans: serem lidas, mesmo depois de adultas e expressando-se de forma condizente com sua identidade, a partir do gênero designado ao nascer. Dentro dos processos de opressão e coação daqueles que fogem da norma, a mulher trans é tratada no masculino (como se fosse um homem cis gay) e o homem trans é tratado no feminino (como se fosse uma mulher cis lésbica).

O processo de não aceitação da identidade do outro é uma forma de impedir que esse outro exista (visando manter a norma vigente) ao mesmo também que de afastar(-se de) esse outro. Homens não podem frequentar os espaços femininos sob risco de não serem homens, mulheres não podem frequentar espaços masculinos sob pena de deixarem de serem mulheres — o mesmo vale para cis e/ ou héteros em espaços LGBTQIAPN+ —, o entrevistado C. aponta bem essas ocorrências no espaço escolar. A separação entre um "eu" e um "outro" nesses processos é uma das formas de consolidar as identidades normativas, dado que um indivíduo é constantemente proibido de circular entre os grupos.

Novamente observa-se o currículo oculto favorecendo o *status quo*, pois é ele que dita qual é o espaço e quais são as atividades das meninas e dos meninos. Também é o currículo oculto que institucionaliza os processos de internalização e reforço, no "homem", de uma agressividade que é requisito para a confirmação de sua masculinidade. Da mesma forma, também é ele, tolha-se todas as perspectivas da "mulher" de ação e reação, na tentativa de impor uma delicadeza que valide sua feminilidade.

Conforme relatado, não havia qualquer pluralidade de ideias, uma percepção destoante que permitiria um diálogo que, ao menos, amenizasse as perspectivas cristalizadas. Nem sequer nas disciplinas em que esse debate deveria ocorrer, as instituições (e, principalmente, os professores das disciplinas) dialogavam sobre o assunto. Esta situação denota uma intencionalidade das instituições, dado que, sem o espaço de debate, a opção é apenas reproduzir as normas cristalizadas como únicas formas de vida em sociedade.

Observa-se também nos relatos a necessidade de que haja não apenas o debate, mas a presença de profissionais que fujam da norma. Com essa presença, é possível que os alunos tirem dúvidas, apresentem encontros interpessoais e intrapessoais, tragam informações e experiências. Mas não apenas em sala de aula, as pessoas LGBTQIAPN+ devem estar: a escola é um espaço amplo, onde o currículo oculto é empregado em várias frentes, de várias formas. Pouco adianta que haja respeito do corpo docente, enquanto há preconceito da equipe diretiva, da equipe pedagógica, na secretaria, no refeitório, na limpeza ou em qualquer outro espaço, afinal, o reforço a algo é mais fácil que o processo de desconstrução de um conceito e a reconstrução de outro que o substitua.

BREVES CONCEITOS SOBRE IDENTIDADES DE GÊNERO E NÃO BINARIDADE

As questões de identidade de gênero, principalmente no espectro não binário, são temas relativamente jovens. Entretanto, os relatos de vivência, graças ao advento da internet, têm se intensificado e propagado, permitindo trocas de experiências e sistematização dessa empiria desde os antigos *blogs*. As redes sociais apresentam espaço para o lugar de fala nas postagens e nos vídeos das diversas redes sociais, bem como para o debate (do saudável ao tóxico) nos comentários.

A identidade de gênero é a experiência de uma pessoa quanto ao seu próprio gênero, ou seja, é a percepção de que a pessoa tem de si quanto a determinadas convenções e papéis sociais. É importante lembrar que "[...] a espécie humana possui indivíduos machos e fêmeas, mas que a qualidade de ser homem e ser mulher vai ser diferenciada pelo contexto sociocultural que o indivíduo se insere" (Reis; Pinho, 2016, p. 9). Da mesma forma, "Dissociada da orientação sexual, a não-binariedade não prediz o tipo de relação afetiva ao qual a pessoa prefere" (Padilha; Palma, 2017, p. 1).

A dicotomia criada pela concepção social imposta nos conhecimentos biológicos coloca funções sociobiológicas sobre os "sexos de nascimento". Segundo Bernini (2012), a identidade sexual de duas vias (macho e fêmea) que o autor chama de "sistema binário sexual", impõe apenas dois polos no que diz respeito ao gênero (homem e mulher) e à sexualidade (heterossexual ou homossexual). Ou seja, "A regulação normalizadora da produção de identidades sexuais e de gênero costuma ser articulada a sistemas de produção de crenças naturalizantes que associam, de modo binário, identidades e diferentes formas de expressão do desejo sexual" (Ribeiro, 2012, p. 5).

Todavia, os gêneros não são vinculados ao sexo e/ou biologicamente definidos. A identidade de gênero se dá na cultura, e é o aparato simbólico da cultura que divide as identidades e expressões, tal qual a sexualidade, em dois únicos polos. "Essas divisões querem estabelecer uma hierarquia machista e heterossexista que atribui aos homens heterossexuais o status de identidade majoritária, e às outras identidades resultantes da composição desses termos [...] o status de minorias morais" (Bernini, 2011, p. 20). "Esses esquemas de poder compõem o que chamamos de matriz heteronormativa ou heteronormatividade" (Reis; Pinho, 2016, p. 12).

Segundo Souza e Carrieri (2010), as minorias identitárias rompem com estrutura sexo-gênero-sexualidade e são socialmente marginalizadas. Este tripé embasa a norma, consolida o padrão heteronormativo. Porém, mesmo fugindo dessa concepção heteronormativa, essas minorias são necessárias para definir os espaços sociais daqueles que são "normais". Ou seja,

> Em uma lógica binária (masculino *versus* feminino, homossexual *versus* heterossexual), sempre existirá e se admitirá um polo que será desvalorizado, designado como minoria que, apesar de ser diferente ou desviante, poderá ser "tolerado" pela sociedade. Nessa lógica, torna-se impossível pensar em múltiplas sexualidades, pois o múltiplo é algo que foge a ela". (Souza; Carrieri, 2010, p. 54).

Em alguma medida, é possível "ser gay, mas não tanto". Pois é preciso que haja uma concepção de "outro" para que haja clareza sobre o que é ser "eu".

Assim, na heteronormatividade, os indivíduos estão imersos a uma grade de signos que representam seus respectivos papéis sociais. A repetição desses signos começa desde o núcleo familiar, onde esses papéis emergem em performances características dessa dualidade, "[...] e continua através de um emaranhado de fatores, como mídia e escolarização e que vão orientar e classificar esses sujeitos de acordo com um ideal comportamental", no qual quem se "[...] desviar da performance de representação do papel pagará com sua dignidade e estará exposta ou exposto às violências de todo tipo" (Reis; Pinho, 2016, p. 13).

Sobre os corpos são inscritos diversos saberes sociais, estruturas simbólicas que efetivam o que é "ser mulher" ou "ser homem" ao ressaltar características secundárias de cada corpo. Segundo Reis (2017), à luz de Ruth Sabat, há um currículo cultural — uma pedagogia específica e composta por repertórios simbólicos — que, usado pelas instituições sociais, como a mídia, constroem e constituem identidades culturais hegemônicas. Esse currículo cultural, como ferramenta social presente nas estruturas de educação informal, é, então, aquilo que embasa as ações do currículo oculto das instituições educacionais.

Assim, o corpo não é a materialização da identidade, mas substância na qual a identidade se manifestará. As construções simbólicas atravessam para o corpo, ganhando então uma forma, por exemplo, no homem que malha ou na mulher que se maquia por padrão social de beleza. Estas ações materializam no corpo os ideais simbólicos que dizem quais são as características do "ser mulher" e do "ser homem". "Assim, todo conhecimento produzido nesses campos simbólicos, por meio de relações de poder, implica em práticas regulatórias concretizadas no corpo" (Reis, 2017, p. 169) e "[...] ocorrerão investimentos de gênero sobre os corpos a partir desses *imperativos da cultura*" (Reis, 2017, p. 170, grifos do autor).

Portanto, devido à sua complexidade, o gênero pode ser entendido como produto da cultura em que cada indivíduo se insere, um discurso que não é localizável num estado natural da espécie humana. Ele é dividido em dois espaços: a identidade de gênero (espaço interno do indivíduo) e a expressão de gênero (espaço externo do indivíduo). Assim,

> A identidade de gênero se caracteriza na concep-·ção individual de *sou homem, sou mulher* ou *sou um gênero à parte dessas opções*; enquanto a expressão de gênero é a representação física - incorporada - dessa identificação. (Reis; Pinho, 2016, p. 10, grifos dos autores).

Os conceitos de "identidade de gênero" e de "expressão de gênero" surgem com a necessidade de refletir a composição binária existente entre o que é ser homem e o que é ser mulher. Esta busca pela desconstrução se dá por meio de uma "[...] tentativa de abrir a possibilidade de inclusão de diferentes formas de 'masculinidades' e 'feminilidades' presentes na humanidade e comumente apontados/as como um 'desvio' do padrão pré-estabelecido como 'normal'" (Ribeiro, 2012, p. 1).

A expressão, de forma geral, é a corporificação da identidade, também geral, de um indivíduo ou grupo. Não é incomum homens cis terem cabelos compridos e pintarem suas unhas de preto — símbolos comumente associados a um padrão de feminilidade — para expressarem suas identidades sociais como pertencentes a determinado movimento social ou cultural, sem que isso abra questionamentos sobre seu gênero ou sexualidade.

> Cada roupa, acessório, cirurgia, tatuagem, cortes ou colorações de cabelo são (re)invenções que fazemos e que dizem sobre *ser homem* ou *ser mulher*. No caso das pessoas que experienciam o gênero de forma não-binária esses investimentos, essas modificações parecem ser mais elaboradas, pensadas e pesadas (Reis, 2017, p. 181, grifos do autor)

Ou seja, a expressão de gênero visa a corporificação da identidade de gênero do indivíduo em que "[...] as produções dos corpos não são apenas experiências de si para si, mas também atravessadas pelas relações interpessoais, pelos (des)(re)encontros que se dão com outros corpos, outras morais, outras experiências" (Reis, 2017, p. 180). Enquanto uma pessoa de gênero binário (independentemente de ser uma pessoa cis ou uma pessoa trans) buscará símbolos socialmente aceitos para seu gênero específico, reforçando — mesmo que não intencionalmente — estereótipos e lugares sociais, uma pessoa de gênero não binário pode buscar referências diversas para compor-se.

A expressão de gênero não binário, tal qual a própria identidade não binária, vem a "[...] estranhar a continuidade entre gênero-corpo-vestuário fixados em feminino ou masculino e provocar a descontinuidade" (Reis, 2017, p. 176), em que

> A *mistura* é característica marcante. O rompimento com o binário de gênero se mostra no distanciamento das experiências totalizantes de *ser homem* e de *ser mulher*, não é de interesse migrar para o outro pólo ou pensar em uma expressão inequívoca. Ao contrário, procura-se o ambíguo, a dúvida, a suspensão, as linhas de fuga. O *estranhamento* faz parte da construção da imagem: é uma dimensão pensada e planejada. (Reis, 2017, p. 176, grifos do autor).

O gênero (em si e em sua totalidade) deve ser entendido como um espectro flutuante na linha entre os polos socialmente estruturados como masculino e feminino. Uma pessoa cis e/ou uma pessoa trans binária vai se colocar em um dos polos: ou é masculina ou é feminina. No entanto, o não binarismo de gênero ultrapassa "[...] os limites dos pólos e se fixam ou fluem em diversos pontos da linha que os liga, ou mesmo se distanciam da mesma" (Reis; Pinho, 2016, p. 14). Trata-se "[...] de agênero, de aliagênero, de andrógino, de bigênero, de demimenina, de demimenino, [...] de neutro, [...] de poligênero, de intergênero, dentre outras denominações" (Souza; Costa, 2017, p. 8).

Isso significa que um indivíduo não precisa identificar-se, total ou exclusivamente, como homem ou como mulher, podendo identificar-se com outras formas de gênero que apresentam neutralidade, fluidez, parcialidade ou qualquer das outras multiplicidades das identidades de gênero não binário. Esta multiplicidade de identificações carrega consigo uma gama imensa de expressões de gênero, divergindo de indivíduo para indivíduo e de situação para situação, segundo Reis e Pinho (2016).

Linguagem neutra e inclusiva

A linguagem neutra é uma forma de comunicação que muito tem se debatido. Não é intenção deste trabalho aprofundar-se nessa questão, mas é importante alguns esclarecimentos sobre o tema.

Ambas as linguagens, tanto neutra quanto inclusiva, visam referir-se a pessoas (e exclusivamente a pessoas) sem demarcação de gênero binário. Aplica-se em casos em que há um grupo de pessoas com mais de um gênero — vários homens e uma mulher ou várias mulheres e um homem, por exemplo —, a pessoas que se desconhece o gênero por qualquer motivo — como ter acesso a um nome "unissex"[7], como Ariel, sem se conhecer de fato a pessoa nomeada —, a pessoas de gênero não binário e situações análogas.

A diferença se dá, segundo Caê (2022), no fato de a linguagem neutra buscar uma adequação linguística agregando junto às flexões

---

[7] Segundo Menezes e Beccari (2021, p. 222), considerando seu uso na moda, conceituam este conceito de forma que também esclarece o uso empregado aqui: "O termo 'unissex' se refere a roupas que abarcam os dois gêneros, sem elementos classificadores. [...] O unissex não prometia desaparecer com a separação dos gêneros nas roupas, mas propunha uma redução da diferença enfática entre o masculino e o feminino". Observa-se, assim, que o "unissex" não visa tornar algo neutro de gênero, apenas permitir o uso para ambos os gêneros binários de algo próprio de um deles.

de palavras para o masculino e para o feminino também a flexão para o neutro. Todavia, a linguagem inclusiva não faz essa flexão, mas busca na estrutura da própria língua portuguesa não fazer a distinção por gênero. Observem que esta obra usou "pessoas entrevistadas" (linguagem inclusiva) e não "entrevistades" (linguagem neutra).

É preciso lembrar que essas propostas não usam @ ou X, dado que essas soluções não permitem uma leitura adequada nem a fala de palavras escritas assim. Também é importante ressaltar que a linguagem neutra se refere a pessoas, sem alterar absolutamente mais nada no idioma; ou seja, oferece a existência de amigo/amiga/amigue e de aluna/aluno/alune, mas não altera em nada "a árvore" ou "o pneu" nem se refere a animais.

EDUCAÇÃO E A DIVERSIDADE DE GÊNERO

A identidade é uma performance de algo inacabado, formando-se a partir das experiências individuais. Ela estrutura-se de acordo com a leitura que o indivíduo tem de si em relação ao mundo em torno e aos seus símbolos mutáveis.

Desta forma, para Reis e Pinho (2016), a identidade apresenta ligação com as relações sociais de poder, desde o nível macro — como discursos instalados em todos os setores sociais — até o micro — como as situações isoladas em sala de aula. Assim, cada espaço social tem forte influência, através de suas práticas, na forma como as pessoas se percebem e agem. O que torna a escola profundamente responsável, dado que é o segundo espaço social em que o indivíduo (co)existe e o primeiro que amplia seu mundo.

A família é o primeiro setor social em que alguém se insere e, por vezes, é o mais importante. Nela são (re)formados diversos conceitos desde a infância, principalmente sobre sexualidade e gênero. Para Jakimiu (2011, p. 3553), a família "Educa o menino para exibir seu sexo, gostar dele, ostentá-lo orgulhosamente [...]. Já com relação à menina, dá-se o contrário; obriga-se a esconder seu sexo [...] a não ter uma relação afetiva com sua identidade sexual".

> Os reforços de utilização de determinadas cores (azul para meninos, rosa para meninas), as regulações nos modos de ser e estar, os brinquedos que são dados às crianças e outros exemplos [...], serão exercícios do poder (re)construtores das normas de gênero. São técnicas para a conformação dos corpos – do modo de cortar o cabelo ao modo de ser e estar no mundo – para que se concretize a continuidade entre sexo, gênero e futuramente desejo. (Reis, 2017, p. 171).

Estas concepções aparecem em todas as estruturas sociais, embasadas no tripé sexo-gênero-sexualidade. A estrutura da hetero-cisnormatividade, na exigência de uma coesão entre sexo, gênero e desejo, que se pauta a divisão de tudo em dois polos das identidades de gênero e sexuais onde há apenas um "eu" e apenas um "outro". Conforme Souza e Costa (2017, p. 8), "A sociedade impôs uma divisão binária entre os gêneros, na qual há espaço somente para o masculino e o feminino. Isso se reflete em vários setores da sociedade, como produtos, serviços, alimentação, dentre outros".

Inserida neste processo de reforço e validação, a escola é um outro espaço micro de vivência dessas identidades de acordo com o que será aceito ou não em espaço macro, com os ensinamentos escolares formando ideais identitários. "É dentro da instituição escolar que a cultura dominante é legitimada, ao mesmo tempo em que as outras são excluídas" (Brighente; Mesquida, 2016, p. 174), pois ela é "[...] um espaço de (re)produção das estruturas sociais, onde existem barreiras que impedem a expressão das diferenças, ou seja, deve-se agir de maneira 'normal' para pertencer ao contexto escolar" (Reis; Goularth, 2017, p. 90).

É importante ressaltar como as construções de práticas escolares moldam comportamentos em diversos níveis da identidade e do modo de agir das pessoas. Tal qual as atividades em grupo têm por intuito ensinar discentes a trabalhar e conviver em grupo, também o espaço escolar ensina a prática do silêncio e modos de sentar-se. Portanto,

> [...] os sentidos necessitam estar afiados para que sejamos capazes de observar, ouvir, sentir as inúmeras formas de constituição dos sujeitos abrangidos pela percepção, pela organização e pelo fazer sob a rotina escolar. O que compreende que o olhar necessita esquadrilhar as paredes, atravessar as salas e os corredores, conter-se nas pessoas, nos seus gestos, suas roupas. É necessário experimentar as falas, os sons, as sinetas e os silêncios, também é importante sentir os cheiros especiais, as cadências e os compassos marcando os movimentos e deslocamentos de crianças e adultos. Contudo, atentos aos pequenos indicadores, percebemos que até mesmo o espaço e o tempo da escola não são usados e nem distribuídos, logo, por muitas vezes não concebidos da mesma maneira para todos os sujeitos. (Soares; Costa, 2023, p. 414).

Ribeiro (2012) cita o Plano Nacional de Educação, sob a lei n.º 10.172/2001, que foi conservador ao tratar das temáticas de gênero e orientação sexual, mesmo tendo surgido em uma época de fortes debates sobre as necessidades de superação às desigualdades de gênero. Segundo Ribeiro (2012), à luz de Guacira Lopes Louro, as políticas curriculares são alvo dos setores conservadores por seu interesse de regular e orientar os indivíduos dentro dos padrões que consideram morais.

Soares e Costa (2023) apontam que apenas em 2004, com a primeira versão do Plano Nacional de Políticas para Mulheres (PNPM), se objetiva a nível federal uma educação inclusiva e não sexista, enquanto só em 2021, com a lei federal n.º 14.164, decidiu-se incluir a prevenção da violência contra a mulher nos currículos da educação básica.

Para Brighente e Mesquida (2016), a entrada de uma pedagogia libertadora tende a ser rechaçada pela cultura hegemônica pois toda a libertação do corpo tende a ser vista como subversão, pois, ao conscientizarem-se, os indivíduos podem questionar o que lhe é imposto e fazer suas próprias escolhas. Esta postura libertadora é rechaçada pela prática do ensino bancário, onde a punição irá

EDUCAÇÃO NA DIVERSIDADE DE GÊNERO

escolarizar os corpos e obrigá-los a ceder, atingindo não apenas os alunos, mas domesticando também os corpos dos professores. "O professor deveria ensinar seu educando a perguntar, ou melhor, possibilitar e oferecer esse espaço para seu corpo irrequieto, mas, na verdade, nem ele foi educado para isso" (Brighente; Mesquida, 2016, p. 173).

Devemos considerar que diversas construções sociais construíram relações históricas em que "[...] a escravidão alijou os afrodescendentes da participação cidadã, os não heterossexuais foram discriminados como portadores de transtorno mental legitimados pelo saber médico, e a negação da competência intelectual [...] fez com que as mulheres ficassem sem registro na história" (Araújo, 2014, p. 22). "Ao longo da história do Brasil, o corpo de homens e mulheres foi negado, seja pelos colonizadores, pelos jesuítas (os primeiros educadores brasileiros), seja pela família ou pela escola" (Brighente; Mesquida, 2016, p. 158). Toda esta estrutura que visa objetificar sujeitos e moldar corpos, quando na escola, é chamada de "ensino bancário" por Paulo Freire.

Para Brighente e Mesquida (2016), a partir de Paulo Freire e Michel Foucault, a pedagogia de negação e moldagem do corpo é possível para o poder disciplinar do ensino bancário baseado na vigilância e na punição. A reprodução do saber e os métodos avaliativos suprimem a corporeidade e anulam as emoções, padronizando e massificando homens e mulheres para manutenção do sistema.

> Por conseguinte, essa visão de mundo que nega e interdita homens e mulheres acaba sendo reproduzida e legitimada pela escola. Educadores e educadoras, quando negam seus educandos como sujeitos, "fabricam" objetos para constituir a massa homogênea e padronizada do modo de produção capitalista, para produzir e reproduzir as regras e a cultura imposta pelos dominantes, mantendo o status quo. (Brighente; Mesquida, 2016, p. 159).

É a visão escolar de que o professor "deposita" conhecimento no "banco" que é o aluno, ensinando-o a reproduzir sem questionar e disciplinando-o a não descumprir regras e submeter-se à hierarquias verticais e autoritárias. É sentado no banco e na exigência por mais e mais tempo sentado neste banco que o aluno é domesticado, tirando-lhe o ímpeto de levantar o corpo, a voz, a mão para perguntar. Nesta estrutura,

> [...] há uma interdição do corpo do educando que se inicia pela proibição da palavra e se estende ao seu comportamento, às suas emoções e ao seu modo de ser no mundo. A prática pedagógica de educadores e educadoras está permeada pela docilização do corpo dos educandos, portanto, dos futuros educadores. (Brighente; Mesquida, 2016, p. 173).

Este corpo interditado e negado que Freire cita, segundo Brighente e Mesquida (2016), vem a ser denominado por Foucault como "corpos dóceis" e, mais especificamente no contexto educacional, por Louro como "corpos escolarizados". O corpo escolarizado é aquele que

> [...] é capaz de ficar sentado por muitas horas e tem, provavelmente, a habilidade para expressar gestos ou comportamentos indicativos de interesse e de atenção, mesmo que falsos. Um corpo disciplinado pela escola é treinado no silêncio e num determinado modelo de fala; concebe e usa o tempo e o espaço de uma forma particular. Mãos, olhos e ouvidos estão adestrados para tarefas intelectuais, mas possivelmente desatentos ou desajeitados para outras tantas. (Louro, 2000, p. 14).

Da mesma forma, o silêncio também é opressivo, pois "[...] a proibição da pergunta expressa uma proibição maior, reprimindo o indivíduo de expressar-se nas suas relações no mundo e com o mundo" (Brighente; Mesquida, 2016, p. 173). Muitas vezes, a proibição não se dá ao ato de perguntar, mas constitui perguntas proibidas dentro e fora do conteúdo apresentado em aula, com reações ou falas expressas do professor que provocam no aluno um desinteresse de realmente posicionar-se. Neste silenciamento, "Em relação às sexualidades, é costume tratar com desaprovação aqueles e aquelas que não fazem a presumível lógica da correspondência entre o sexo – gênero – desejo e prática sexual" (Araújo, 2014, p. 23). Não é à toa que o silêncio é parte importante do ensino bancário.

Este corpo escolarizado, repleto de características de seu adestramento na, da e para a escola, será testado fora dela; situação em que o ambiente escolar se molda como espaço de reforço ou repreensão dos símbolos e signos incorporados. "Assim, as posturas corporais aprendidas e assumidas na escola poderão ser potencializadas ou rejeitadas pela ação do currículo cultural aliado às outras instituições, como a família e a religião" (Reis, 2017, p. 170).

É importante considerar que, conforme Reis (2017), os investimentos sobre os corpos são instáveis, variando de acordo com as diferenças socioculturais, as crenças e/ou as ideologias que envolvem a escola. A construção dos corpos dentro da escola ocorre de forma única, complexa e inacabada. Ainda assim, segundo Reis e Pinho (2016) a partir da filósofa estadunidense Judith Butler, a escola é responsável, através de práticas reguladoras, por reforçar o currículo cultural hegemônico, buscando legitimar o binário ideal das identidades de gênero imposto por esse currículo. Isto ocorre em práticas simples, como na divisão em fileiras distintas para os meninos e para as meninas.

Estas práticas reguladoras constituem-se em um currículo oculto repleto de exigências sociais que moldam os corpos e ignoram vivências além da escola. Mas também o currículo formal também nega diversas existências, dado que "A disseminação de uma verdade única do discurso da Ciência favoreceu a eleição do homem branco, heterossexual, escolarizado e capitalista como o protótipo da humanidade" (Araújo, 2014, p. 20), pois "[...] a Ciência está intimamente ligada com a formulação e execução de políticas sociais que vão regular e reger as instituições, como a escola" (Reis; Goularth, 2017, p. 97).

Em outras palavras, o gênero foi construído historicamente através da arte e da cultura erudita ocidental que embasam onde o conhecimento científico das disciplinas escolares e reforçam a subalternidade e a marginalização de quem foge do ideal estipulado. Portanto, observemos que

> A Ciência criou afirmações, especificações comportamentais, por meio de um vocabulário especializado, consensual para com os seus pares, capaz de produzir exclusões, tomando muitas vezes como parâmetro um modelo universal. A incessante produção discursiva sobre alguns essencialismos alimentou o sistema com produções determinísticas. Essas formas de controle cotidiano dos corpos humanos podem limitar suas ações, proibir certas formas de amar, sistematizar horários, definir lugares de estar, possibilidades de trabalhar, enfim, essas formas de controle vão subsidiar o direito de algumas pessoas legislarem sobre a vida de outras pessoas, inclusive seus sonhos e projetos. (Araújo, 2014, p. 22).

Este modelo educacional pode ser denominado como "educação binária". Segundo Souza e Costa (2017), esta estrutura trata distintamente os sexos anatômicos masculino e feminino, considerando apenas atributos de caráter biológico e partindo do pressuposto de que o corpo define competências, comportamentos e atributos. Os alunos são induzidos a determinados comportamentos e privados de algumas atividades, inibindo habilidades mais amplas e limitando desejos e aspirações futuros.

Todas estas ações, mesmo as pequenas e corriqueiras, nos currículos formal e oculto acabam reforçando a ideia de que só há duas formas de identificar-se como indivíduo. Torna-se mais difícil, então, explicar a quem cresce com esta concepção binária de identidade, pois

> Estando também a linguagem resumida a uma significação binária em torno da matriz de gênero, também ela assume formas binárias de expressão – seja nas construções sociais em torno da linguagem corporal, seja na construção da língua portuguesa que prevê adjetivos e substantivos femininos ou masculinos. Assim, como utilizar uma estrutura da matriz binária para explicar a não-binaridade? Faltam palavras. Sem contar a dificuldade de construir palavras para não-binários dentro de um

sistema binário. Poderia dizer que falta sistema. Essas complicações se agravam ao ponto de se banalizar a não-binaridade por não se compreender quaisquer termos próprios, questionando mesmo a existência dessas identidades de gênero. (Reis; Pinho, 2016, p. 21).

Por outro lado, o mesmo poder "deformador" que adestra corpos em padrões de costume pode tornar-se um poder "reformador", permitindo diálogos e representatividade. Esta matriz social que não contempla (e por vezes é violenta com) quem foge do padrão heteronormativo e binário só pode ser rompida com diálogo e representatividade.

Para os autores lidos, enquanto o ambiente escolar molda o indivíduo dentro de uma matriz binária, a (re)descoberta de si fica a cargo das experiências vividas fora dele. A desconstrução desse ideário dá-se por vias de conhecimento alternativas, enquanto a identificação nasce de comparações com as vivências de outras pessoas.

Esta troca de saberes e experiências pessoais que permite a auto(re)descoberta só acontece graças às possibilidades da internet. Há diversos blogs, sites e páginas de redes sociais que abordam, exploram, explicam e divulgam, permitindo acesso a uma educação informal e não formal sobre o tema.

A internet possibilita a representatividade que o ambiente escolar — e a sociedade como um todo — busca tolher, promovendo, assim, uma ação de suma importância para a constituição da identidade individual e na sensação de pertencimento a um grupo. Segundo Reis e Pinho (2016), a não representatividade pode tornar o sujeito nulo, sem entender-se com suas particularidades ou perceber-se como ser social. A ausência de representatividade torna a pessoa um não sujeito, deslocado do mundo, inexistente, invisível, sem espaço ou lugar: logo, sem identificação nem identidade.

Dada a existência de espaços informais e não formais inclusivos, cabe aos espaços formais de ensino optarem por posturas menos exclusivas. A escola é responsável pela construção de sujeitos, onde a ação pedagógica produz efeitos e deixa marcas nos indivíduos.

Para Bortolini (2014, p. 132), "A forma como a ação educativa é pensada e, mais ainda, a forma como se concretiza na sala de aula - e em tantos outros espaços da escola - pode provocar transformações ou (re)produzir uma série de exclusões ou desigualdades". Assim, segundo Jakimiu (2011), tal qual a ação educativa é capaz de reproduzir desigualdades de gênero, deve ser capaz de construir locais onde estereótipos são eliminados, oferecendo a alunos e alunas as mesmas oportunidades e sem influências de preconceitos. Em consonância, Soares e Costa (2023, p. 414-415) apontam que

> É necessário que haja uma reestruturação radical das instituições e da participação política em busca da construção de um novo paradigma atinente as [sic] questões de gênero no Brasil, o que deve ser realizado através de articulação governamental envolvendo os três níveis da federação, Governo Federal, estadual e municipal, a fim de estabelecer novas diretrizes de prevenção ao problema da violência de gênero no Brasil.

Segundo Brighente e Mesquida (2016, p. 172), para Freire, "[...] as gerações passadas lutavam por uma libertação mais social, e as atuais são mais corporais. Isto é, o jovem hoje busca uma libertação que seja permeada pelo prazer, pelo amor, o que só é possível com o corpo". Há uma busca, um desejo de experienciar, de vivenciar. Isto exige que o professor, além de falar a língua do aluno e dialogar com sua realidade, permita a formação de vínculo com seus alunos, pois saber o mundo só é possível de forma apaixonada enquanto a amorosidade é necessária na prática pedagógica, propiciando diálogo em que professores e alunos relacionam-se horizontal e não verticalmente.

Para Brighente e Mesquida (2016), sob as ideias de Paulo Freire, somente em uma pedagogia libertadora o indivíduo não tem seu corpo negado ou interditado. É a partir do diálogo que a escola deixa de lado o corpo escolarizado e permite a formação de um corpo consciente, onde o educador está com seus alunos e permite a eles ler o mundo de acordo com suas realidades sem negar-lhes — e unindo ao mundo dos alunos — os conhecimentos acadêmicos e

EDUCAÇÃO NA DIVERSIDADE DE GÊNERO

científicos das disciplinas escolares. É preciso que os alunos sejam livres para falar e expor suas curiosidades e indagações.

Nisto,

> [...] a *transitividade crítica* é possível com uma educação dialógica, que interprete os problemas e tenha uma responsabilidade social e política, e que coloque de lado os preconceitos ao analisar os problemas. Isso não acontece numa educação que nega o corpo do outro, incitando-o a uma posição de mutismo. (Brighente; Mesquida, 2016, p. 167, grifo do autor).

Pois a transitividade crítica

> [...] se faz conhecida pela sua capacidade de perceber a causalidade dos fatos. Às vezes é chamada simplesmente de consciência crítica e se caracteriza pela profundidade na interpretação dos problemas.
>
> [...]
>
> A consciência transitiva crítica é fruto de uma educação dialogal e ativa que ofereça ao homem a possibilidade de tornar-se responsável no seu agir pessoal, social e político. (Oliveira; Carvalho, 2007, p. 223).

Em uma entrevista, Paulo Freire (*apud* Corttella; Venceslau, 1992, s/p) vem a dizer que é impossível desempenhar bem qualquer função social sem que se viva bem sua sexualidade. Ele expõe, inclusive, que é preciso que o indivíduo assuma o que é; e desta forma, sua fala serve também para as questões de gênero.

Na época desta fala, a transexualidade ainda era doença pela OMS e a homossexualidade há dois anos havia deixado de sê-lo: não é difícil prever que questões sobre transição de gênero não fossem levantadas, muito menos sobre gêneros não binários. Mas, tal qual a supressão da sexualidade, a imposição (ou autoimposição) de um gênero também provoca debilidades ao se assumir suas funções sociais.

Assim, é preciso romper com a normatividade que cala e nega existências para permitir que o indivíduo se constitua socialmente pleno durante seu tempo escolar. Porém, esta ruptura não se dá através de imposições de identidades ou expressões de gênero aos alunos, dado que é preciso liberdade para que esta representação seja construída.

> Nesse processo de conscientização do corpo negado, é importante assegurar que o revolucionário ou o educador progressista não irá conscientizar o indivíduo ou o educando-massa. Não irá depositar nos corpos deles uma suposta "conscientização", pois assim estaria reproduzindo o mecanismo da educação bancária, na qual aquele que detém o poder/saber preenche o corpo vazio dos que nada sabem. (Brighente; Mesquida, 2016, p. 168).

Para Jakimiu (2011), somente através de uma educação emancipatória é possível permitir uma superação dos preconceitos de gênero e dos mitos da superioridade racional masculina. "A ação educativa, além de permitir que os sujeitos construam conhecimentos e competências, também influencia o modo como as pessoas que dela participam se entendem, entendem as outras e o mundo, repercutindo na maneira como vão ser e agir nesse mundo" (Bortolini, 2014, p. 131-132).

Segundo Araújo (2014, p. 25), esta educação crítica perpassará pelos professores que podem "[...] aproveitar as inúmeras situações que surgem no cotidiano escolar para lidar com as questões de gênero e de sexualidade, para buscar a problematização da heteronormatividade, independentemente da disciplina em que lecionam".

A IMPORTÂNCIA DA REPRESENTATIVIDADE PARA A EDUCAÇÃO LIBERTADORA

A identificação com os gêneros apresentados socialmente como "comuns" nem sempre ocorre plenamente. Muitos indivíduos apresentam expressões de gênero que destoam do padrão social, trazendo em seus gostos e gestos, símbolos e objetos distantes do seu gênero ou considerados pertencentes ao gênero oposto. Há diversas masculinidades e feminilidades acessíveis aos indivíduos sem que eles deixem de considerar-se cisgênero tal qual há diversas expressões de gênero para as diversas identidades.

É importante levarmos sempre em conta que

> Existem inúmeras classificações que abrangem as formas de gênero de cada um, que não são incorporadas pelo sistema que rege atualmente a educação. A educação binária, ou seja, que se baseia apenas no binômio de gênero masculino-feminino acaba por excluir aqueles que não se encaixam em um ou outro gênero. (Souza; Costa, 2017, p. 3).

Dessa forma, é imprescindível compreender a importância da representatividade das diversas expressões e identidades nas instituições sociais, como a própria escola. Assim

> [...] o tema faz-se necessário nas salas de aula uma vez que cotidianamente é possível se deparar com indivíduos nas suas mais variadas identidades que se tornam "invisibilizados" por currículos, professoras, professores e disciplinas que ocultam a diversidade, perpetuando a ideia conservadora de gênero vinculada apenas a aspectos biológicos. (Reis; Goularth, 2017, p. 90).

Não apenas por aceitação de si e do outro, mas também

> No que tange ao Direito da Criança e do Adolescente, tem relevância de ser estudada uma vez que se busca apresentar um meio para que sejam minimizadas as desigualdades entre sexos, ainda tão presentes através de uma nova visão dos gêneros pela educação. (Souza; Costa, 2017, p. 9).

Abordar a aceitação de gênero nas escolas por meio da representatividade é demonstrar a existência dessas realidades sociais. É normalizar, tornar palpável, tangível. É garantir a formação do indivíduo com a concepção de igualdade entre as pessoas, independentemente da forma com que se identificam ou expressam.

A igualdade é um princípio constitucional que, segundo Souza e Costa (2017), legitima as garantias provindas a partir do Direito da Criança e do Adolescente. Há o reconhecimento jurídico de que todas as crianças e adolescentes têm os mesmos direitos independentemente de sua etnia, sexo, religião ou cultura. Porém, essa igualdade ainda é quimérica principalmente no que toca questões de gênero.

Assim, consideremos que

> A implementação dos direitos humanos, principalmente no tocante a igualdade no aspecto material direcionada a infância, pressupõe análise de todos os influxos que cercam a formação da subjetividade infantil, partindo-se da premissa que o direito não deve ser aplicado de maneira isolada, desconsiderando-se a interdisciplinaridade que a proteção da infância e seus direitos requer. Nesse sentido, a abordagem de gênero surge como categoria analítica eficaz tanto para que se revele discriminações de gênero quanto para que enfrente e impeça a perpetuação de situações pautadas no gênero que violam direitos. (Souza; Costa, 2017, p. 11-12).

Visto que a escola é um dos principais espaços de formação do indivíduo, dá-se aí sua importância na constituição identitária dos indivíduos e a importância de que seu ambiente permita a representatividade de gênero, tal qual a representatividade étnico-racial, cultural, sexual e religiosa. Se a escola é um recorte social ao mesmo tempo que forma cidadãos, tem a responsabilidade de ser representativa para que consolide uma amplitude dos espaços sociais e garanta o acesso de todas as pessoas a seus direitos, principalmente ao direito à dignidade.

O ambiente escolar tem sua importância para esse processo social ampliado, tendo em vista que ele é um dos principais meios por onde os conhecimentos científicos e acadêmicos são transmitidos aos indivíduos. Dessa forma, é importante considerar que

> As disputas pela execução de novas políticas sociais, raciais e sexuais, deixam evidente que verdades sobre os corpos e prazeres são (re)criadas no meio

científico e, a cada mudança de perspectiva, poderão potencializar ou remodelar pontos de vistas da sociedade. (Reis; Goularth, 2017, p. 97).

O currículo oculto das escolas — que pode libertar ou castrar um corpo, tornando o indivíduo crítico ou não — é uma reprodução institucionalizada do currículo cultural. Este, por sua vez, é um dos principais perpetuadores da cultura hegemônica e influencia diretamente na socialização e na forma com que o indivíduo se percebe socialmente; sendo a mídia sua principal divulgadora, dado que é a principal forma de acesso à cultura, representando uma forma intensa de exposição do senso comum a partir da indústria cultural.

É importante levarmos em conta que a produção cultural é um dos principais fatores no fornecimento de recursos para a constituição das identidades. Segundo Venancio e Farbiarz (2017), à luz de Stuart Hall, a tendência dominante é buscar a homogeneização cultural a partir do seu ponto de vista, produzindo realidades sociais que definem lugares e espaços hegemonicamente pré-definidos.

Para Guimarães e Sena (2016), também a partir de Stuart Hall, a representatividade se dá conforme a produção do significado a partir da linguagem. Assim, estabelecido esse discurso, o oprimido, sob a expectativa de que se veja a partir do olhar hegemônico, passa a ser socialmente incluído a partir da desconsideração de suas características que fujam do padrão e ser representado dentro desse escopo delimitante.

O que foge do esperado, bem como o questionamento dessa estrutura, é atacado por ser entendido como ilegítimo. Mas o rechaço e o silenciamento não são vistos como preconceito, pois entende-se que o protagonismo — lugar hegemonicamente do opressor — dado ao oprimido seria privilégio, enquanto a igualdade é a estratificação dos espaços sociais.

Essa negação do preconceito transfere a culpa para as vítimas e não é incomum que o opressor se sinta ofendido por ser questionado ou ter questionada sua superioridade. A luta do oprimido pelo direito a existir vira a busca por privilégios e não é incomum ouvir que esse desejo de viver com dignidade é o verdadeiro ato de preconceito do indivíduo oprimido contra si mesmo, pois estaria se vitimizando. Assim,

> Cria-se a ideia de que o racismo está na mente do próprio negro e que este se utiliza dessa construção discursiva do racismo para obter privilégios. Pratica-se o racismo a partir da própria negação do racismo. Esta concepção, aliás, perpassa outras formas de preconceito, que não somente a racial. O preconceito, e sua negação como forma de escondê-lo, está ligado, também, à uma negação do outro, o que é inerente a qualquer forma de discriminação. (Venancio; Farbiarz, 2017, p. 66).

Todavia, essa instituição cultural pode causar desconforto em quem não se vê no lugar e no estereótipo apresentado, provocando reflexão quanto à forma com que a cultura hegemônica retrata as culturas periféricas. É nesse ínterim que a representatividade passa a ser uma necessidade, quando o indivíduo marginalizado passa a buscar seu lugar de fala e seu espaço social.

Quando a representatividade causa estranhamento em quem não questiona a cultura dominante, a educação vem como ferramenta de combate ao preconceito, conforme Venancio e Farbiarz (2016), a partir do antropólogo brasileiro-congolês Kabengele Munanga. A negação da representatividade gera diversos discursos de ódio, tornando urgente a discussão sobre o tema principalmente pela educação. Dado que as contestações da norma nunca são facilmente aceitas, é necessário ensinar que ninguém deixará de ser quem se é para se adequar nem deixará de existir por destoar: com o fim da norma e da superioridade, o medo vai além de perder o privilégio, mas também se encontra no receio de passar a ser alvo de uma nova norma, trocando de posição com quem antes era oprimido.

"Tanto na cultura quanto na educação, se encontram muitas das possibilidades de debate sobre os temas. Afinal, esses são alguns dos principais ambientes em que se constroem identidades e se formam opiniões" (Venancio; Farbiarz, 2017, p. 64). A escola, então, quando lugar seguro, permite que o indivíduo se expresse, abrindo portas para a cultura marginalizada, construindo sua identidade e uma representatividade correta. Se permitirá, assim, sob as ideias de Paulo Freire, que oprimidos e opressores libertem-se em conjunto.

Nessa perspectiva, a escola é o espaço eleito socialmente para a formação de saberes, percepções e histórias de vida, mesmo quando mergulhada na cultura hegemônica. Assim, "A obrigatoriedade em passar pela Educação Básica e os mecanismos legais para que essa se cumpra indicam uma expectativa social depositada na instituição – e, logo, em suas regras, valores e percepções" (Reis; Goularth, 2017, p. 92).

Como já abordado, o currículo é um espaço de relação de poder, em que escolhas ideológicas — geralmente da cultura hegemônica — são feitas para influenciar a formação do aluno, sendo a sistematização das propostas institucionais para os indivíduos e, consequentemente, a sociedade. "Portanto, o Projeto Pedagógico e o Currículo da Escola devem ser objetos de ampla discussão para que suas propostas se aproximem sempre mais do currículo real que se efetiva no interior da escola e de cada sala de aula" (Reis; Goularth, 2017, p. 94), abrindo espaço para a comunidade escolar pensar sobre as questões pertinentes à sua realidade e considerar questões da vida prática e da realidade social, como as questões de gênero.

O debate deve partir, não apenas dos professores e a partir dos debates acadêmicos, mas da vivência dos alunos e da comunidade escolar. As questões de gênero — tal qual as relações étnico-raciais, a diversidade cultural e religiosa e outros tópicos sociais — perpassam diversos conhecimentos, indo além das disciplinas escolares.

Esses debates não são apenas conhecimentos e saberes teóricos, mas a formação da criticidade individual e do coletivo social em que se insere. Eles precisam surgir e serem pautados pelos debates sociais, indo além dos professores que, como qualquer outro indivíduo, possuem seus valores morais construídos dentro e fora da escola. De difícil desconstrução ou reconstrução, esses valores — sob risco de serem preconceituosos e estarem alinhados com o senso comum — não podem interferir no diálogo com as diferenças. Sendo assim,

> Ao considerar que estamos tratando a questão de gênero numa perspectiva transversal e interdisciplinar e fruto de uma adequação curricular, é preciso evidenciar a importância da formação do professor que se propuser a trabalhar a temática, a fim de que suas abordagens sejam livres de moralismos e feitas de forma séria e responsável, contribuindo para a desconstrução de preconceitos pautados no senso comum.
>
> [...]
>
> Quando a escola posiciona-se como detentora do saber e reprodutora das estruturas sociais, romper com o preconceito de gênero, com a visão sexista de mundo e propor uma educação libertadora, torna-se um desafio ainda maior. (Reis; Goularth, 2017, p. 94).

Também por isso se reforça a ideia de que a representatividade é essencial. O conhecimento pode ficar subordinado às concepções culturais do indivíduo, dificultando que perceba as questões com a amplitude necessária, situação que favorece alguém que tenha vivido (ao menos em certa parte) sobre o que aborda: a representatividade é, também, um lugar de fala.

Santos (2019, p. 361), a partir da filósofa Djamila Ribeiro, aponta que "lugar de fala" é o

> [...] lugar no qual, do ponto de vista discursivo, os corpos subalternizados reivindicam sua existência [...] sobre a sua condição de corpos oprimidos na busca pelo direito de falar/existir.
>
> Nesse sentido, 'lugar de fala' possibilita um olhar sobre as experiências dos corpos subalternizados valorizando o lugar comum, compreendido como locus social que atravessa as experiências coletivizadas desses corpos [...].
>
> Não se trata, portanto, de afirmar experiências individuais, e, sim, entender como o lugar social que certos grupos ocupam implica na forma de caminhar pela vida.

É evidente que é mais "fácil" a representatividade de gêneros binários, sejam estes representantes tanto indivíduos cis quanto trans. Isso porque o gênero fica evidente por meio de sua materialização pelo corpo por meio da expressão de gênero e também do nome social usado. São "apenas" dois gêneros, os dois extremos da polarização. As masculinidades fora do padrão ainda constituem homens; as feminilidades fora do padrão ainda constituem mulheres. Um homem é um homem, seja ele cis ou trans; uma mulher é uma mulher, seja ela cis ou trans.

Mas no que toca os gêneros não binários, há diversas identidades mais ou menos próximas do feminino, do masculino ou da neutralidade. Da mesma forma, as expressões de gênero podem deixar confuso um interlocutor que busca encaixar o indivíduo em padrões sociais binários. Ainda que com a mesma identidade, dois indivíduos podem apresentar expressões de gênero muito distintas. Isso torna mais complicado que a representatividade direta se dê a partir de indivíduos de cada gênero (identidade+expressão) dentro, por exemplo, do corpo docente de uma escola.

Dessa forma, recorre-se a uma representatividade por aceitação e permissão. Um ambiente escolar que abrace profissionais trans e não binários, que não castre alunos em padrões e expectativas sociais nem os limites em atividades físicas, artísticas e intelectuais, já torna-se um local seguro para que os indivíduos possam explorar suas identidades.

Uma instituição que aceite as diversas feminilidades e masculinidades, sem questioná-las e sem classificar os indivíduos como mais ou menos cis (ou trans) torna-se um espaço de representatividade para as diversas expressões de gênero. A autoidentificação expressa de professores e outros profissionais da escola como não binários também permite que alunos não binários — mesmo que identificando-se com outros gêneros não binários distintos aos dos profissionais com que convive — percebam-se e reconheçam-se nesses profissionais no que toca o afastamento do padrão binário.

Assim, para que haja uma real igualdade entre gêneros, sem desmerecimento de alguma identidade ou expressão, Souza e Costa

(2017) sugerem que se discuta a possibilidade de uma escola sem classificação, padrão ou separação por gênero: uma educação agênero. Segundo os autores,

> Agênero é a ausência total de gênero ou a falta de algum tipo de gênero que se enquadre o indivíduo. Trata-se de um conceito extremamente atual, uma vez que o mercado tem citado com frequência ao se referir a produtos que não possuam um gênero específico, ou seja, são adequados para todos os indivíduos. (Souza; Costa, 2017, p. 14).

Por meio dessa educação agênero, além de não limitar as identidades binárias como "atividades de menino" e "atividades de menina", seria possível inserir os alunos que se identificam de forma não binária justamente pela ausência de classificações, separações e expectativas vinculadas ao sexo anatômico. A construção de um ambiente acolhedor e menos desigual seria facilitada, permitindo que os alunos, independentemente de seus corpos e identidades, sintam-se parte daquele coletivo social. A ausência da "padronização de gênero" no currículo oculto das escolas, abrindo espaço para uma perspectiva que escolarize ao invés de negar os corpos e as vivências, seria uma importante contribuição para a inclusão (e aceitação) social da não binaridade de gênero e, consequentemente, para a diminuição da desigualdade entre gêneros binários e entre sexualidades.

> Nesse sentido, a escola deverá buscar as transformações necessárias para que já nas "séries iniciais" as crianças não sejam preparadas para agirem como instrumentos de violência, porque historicamente a escola tem sido produtora de racismos, sexismos e de homofobia, mas esse espaço privilegiado do saber pode ser também revolucionário nesse sentido. (Araújo, 2014, p. 28).

Por mais que, durante a construção do currículo formal e (re)produção do currículo oculto, a escola tente impor determinado currículo cultural, o currículo real sempre acaba influenciado pelas vivências dos alunos e pela comunidade escolar de forma geral. As mídias surgem em conversas paralelas sobre novelas, séries e afins; as redes sociais fazem-se mais presentes por meio de memes e opiniões formadas, inclusive, por youtubers e tiktokers; a realidade dos alunos surge em atos de insubordinação, comentários, dúvidas e até dificuldades ou facilidades em determinados conteúdos. Dessa forma,

> Adotar um método dialógico, onde o professor se permite conhecer a realidade dos educandos, respeita a heterogeneidade do corpo de alunos e rompe com a pura transmissão do conhecimento, é uma possibilidade de construção de novos conhecimentos e desnaturalização de aspectos socialmente construídos, avançando no trabalho de despertar a consciência crítica, da forma como os estudantes leem o mundo. (Reis; Goularth, 2017, p. 94).

Da mesma forma que a escola deve reconhecer os saberes sociais e culturais dos alunos, precisa ter a responsabilidade de contrapor os erros do senso comum. Ou seja, não pode valer-se de fala alguma para a manutenção de preconceitos quaisquer, bem como "[...] a ciência não deve, em caso algum, servir de embasamento para preconceitos, sendo função também de cientistas [...] o combate à desinformação e à má utilização do discurso acadêmico" (Reis; Goularth, 2017, p. 99). O professor, como alguém com formação científica em sua graduação, de forma alguma pode permitir que concepções de pseudociência pautem qualquer debate escolar.

É imprescindível que, para uma representatividade plena, haja debate sobre determinados assuntos dentro do ambiente educacional. Estes espaços de discussão servem para romper preconceitos sobre as culturas periféricas e sobre os indivíduos marginalizados, tal qual construir nos alunos uma identidade social concreta, que lhes permita o reconhecimento de si e do outro de forma crítica.

Porém, a escola não pode vender a falsa ideia de que suas disciplinas, sozinhas, apresentam todas as respostas. Muitos objetos de estudo são amplos demais para as disciplinas científicas, muito mais o são para as escolares.

Tal qual diversos outros temas amplos, as questões de identidades sociais, como as de gênero — bem como étnico-raciais, sexuais etc. —, não se resumem a uma única matéria, perpassando por diversos pontos de vista que convergem para um entendimento amplo. Situação que torna a interdisciplinaridade uma ferramenta importante e essencial, pois diminui deficiências e limitações da formação docente e do currículo formal, pois amplia a visão sobre o assunto trabalhado para além dos recortes impostos pela divisão por disciplina.

Um exemplo de interdisciplinaridade oferecido por Reis e Goularth (2017) para o debate da identidade de gênero é o de buscar na antropologia (mesmo que não seja diretamente uma disciplina escolar) a apresentação de outras realidades sociais, com outras relações, valores e costumes; complementando conceitos socioantropológicos com biológicos e vice-versa, de forma a demonstrar que certas percepções científicas são mais discursos sociais, culturais e ideológicos do que dados naturais. A biologia não deixaria de ser uma ciência material, mas a metodologia permite que estude e reconheça os corpos sem patologizar as diferenças entre eles.

Para além, é possível dizer que a própria perspectiva interdisciplinar é uma forma de representatividade. Soma-se a essa questão as diversas metodologias ativas em que os alunos, convidados a participar de atividades diversas e com conhecimentos distintos, percebem-se como mais capazes de aprender. Suas facilidades afloram a partir das habilidades que já têm e das disciplinas com as quais possuem maior afinidade, permitindo a construção de novos saberes que seriam de acesso difícil a partir de outras metodologias. Isso permite que os alunos se sintam parte integrante do processo de ensino-aprendizagem.

Outra sugestão, que não nega a primeira, é a de trazer para a escola as discussões que têm tomado as mídias e redes sociais. Dentro desse tema, podemos citar

> [...] o caminhar dos movimentos sociais em suas conquistas, as mudanças na expressão da arte, a valorização e projeção de pessoas reconhecidamente fora da norma, a autoidentificação de pessoas da mídia, a maior visibilidade de discussões sobre banheiros

> separados por sexo, os nomes sociais, o casamento civil e a adoção de crianças por casais do mesmo sexo, entre outras coisas que certamente surgirão. (Araújo, 2014, p. 26).

Para tal, é preciso aceitar que essas pautas tornam-se cada vez mais acessíveis e instigam, positiva ou negativamente, os alunos, bem como diversos deles percebem-se nos debates, vendo-se representados nesses temas. Assim, é função da escola esclarecer as diversas proposições, pois

> Sob esta ótica, considera-se também que o professor deve estabelecer o diálogo dos conteúdos escolares com a realidade do aluno, apresentando os diferentes pontos de vistas e teóricos, a partir do conhecimento prévio dos alunos, no que se refere às questões de gênero e sexualidade. O professor cumpre aqui o papel de mediador dos conhecimentos prévios dos alunos e o conhecimento sociológico. (Reis; Goularth, 2017, p. 95).

Nisso insere-se não apenas uma postura passiva dos alunos, recebendo informações já preparada pelos professores, mas também ativa, em que os discentes passam a construir uma pesquisa sobre os temas. A pesquisa é uma ferramenta metodológica competente para a exploração da "[...] relação dos alunos com o meio em que vivem, sendo um instrumento útil para o desenvolvimento da compreensão e explicação dos fenômenos sociais" (Reis; Goularth, 2017, p. 95).

As formas didáticas e metodológicas de abordar o tema dentro do ensino escolar são uma parte importante para que os alunos se sintam representados e possam, então, constituir, experienciar e viver suas identidades. A criação de um ambiente seguro a partir da educação é fundamental, não apenas para que o indivíduo se encontre, mas também para que ele não sofra disforia.

De forma geral, disforia é uma angústia, algumas vezes crônica, que pode levar a transtorno de ansiedade, depressão etc. Segundo a Sociedade Brasileira de Pediatria (2017, p. 2-3), a disforia de gênero é "[...] um desconforto ou sofrimento causados pela incongruência entre o gênero atribuído ao nascimento e o gênero experimentado pelo indivíduo", é a expressão de infelicidade ou descontentamento com o gênero designado no nascimento.

Esse sofrimento pode ser acarretado pela não aceitação do indivíduo pelo seu corpo, quando o corpo não condiz com seu gênero; como a ausência de seios em uma mulher trans ou a presença deles em um homem trans. Mas pode ser sentida mesmo quando o indivíduo já entende-se e vive suas identidade e expressão de gênero, sempre que a sociedade as nega e as invalida. Mesmo quando se sentem plenas e adequadas nos e com os seus corpos, as pessoas ainda podem sentir disforia.

Mulheres trans podem sofrer disforia sempre que forem tratadas no masculino ou chamadas de homem, vice-versa com homens trans. O mesmo vale para indivíduos de gênero não binário, quando tem negados seus gostos, gestos, desejos e identidade por não serem "coisa de homem" ou "coisa de mulher". Um indivíduo não binário que foi designado homem no nascimento pode sofrer disforia ao ser impedido ou humilhado por usar batom, ou por ter sua expressão de gênero confundida com uma sexualidade que não é a dele.

A disforia provocada por violência social é muito comum nas escolas, inclusive por conta das posturas dos professores. Há a imposição de que o "menino" deve ser desleixado e barulhento, enquanto a "menina" precisa ser caprichosa e aplicada; a imposição disso sobre indivíduos não cis pode gerar disforias que venham a provocar outros transtornos, como depressão e ansiedade, por criar ou agravar disforias de gênero no indivíduo.

Dessa forma, a representatividade vem aplacar a disforia provocada "de fora para dentro". Se o indivíduo é capaz de ver-se em alguém ou sentir-se pertencente a um espaço, é mais fácil que desenvolva sua identidade compreendendo o que sente e experiencia. Da mesma forma, o *bullying* é suprimido conforme o preconceito se desfaz pela percepção adequada do outro.

CONSIDERAÇÕES FINAIS

A representatividade, como visto, é essencial para a desconstrução de preconceitos e de uma sociedade segregadora que marginaliza indivíduos fora do padrão. É por meio dela que culturas periféricas ganham espaço e que indivíduos, antes silenciados, ganham voz.

Inicia-se no processo de maior espaço de trabalho para esses profissionais, buscando uma equidade nas oportunidades, e valida-se no aporte social no qual diversos indivíduos conseguem se identificar. Na escola, a representatividade atua como formadora de identidade tal qual desenvolve a criticidade, permitindo que o indivíduo se entenda e se perceba como pessoa. É proporcionadora de momentos de construção de seu lugar no mundo.

As questões de gênero, principalmente da transexualidade e da não binaridade, ainda são tabus nos debates escolares. Reduzidas a discussões sobre o uso do nome social e do banheiro, as identidades trans e não binárias poderiam ser experienciadas de forma mais ampla por meio de outros momentos que transpõe as percepções simplórias do que é vivenciar esses gêneros. A não reprimenda de comportamentos masculinos por pessoas vistas como femininas e vice-versa é um passo importante para não provocar disforia e permitir que a pessoa se reconheça.

É possível silenciar uma pessoa até que ela perca completamente a sua voz. O processo de negar alguém como pessoa até domar seu corpo e objetificá-la pode provocar um processo de reprodução da norma ao ponto de a pessoa negar a si, aos seus desejos e vontades, passando por uma disforia profunda e duradoura. Mesmo dentro da binaridade dos gêneros cis, o que fugir da norma é atacado e toda identidade do indivíduo é negada. Apenas quando a criticidade quebra os preconceitos, a pessoa pode voltar a identificar-se com seu gênero e como pessoa.

Os processos de representatividade, de aceitação social, de local de fala e de conquista de equidade de condições e espaços precisam ocorrer em toda sociedade, em seus mais diversos níveis. Mas, na necessidade de iniciar por algum lugar, a tarefa acaba recaindo para o espaço de produção do conhecimento e de primeira socialização com as diferenças. A escola é a instituição que constrói a capacidade do indivíduo de inserir-se na cultura e de viver em sociedade.

Um espaço escolar saudável e integrador para todos seus alunos, e para seus profissionais, é um importante agente transformador do *status quo*. A desconstrução dos preconceitos desde a fase escolar é um processo mais concreto, baseado no respeito a si e ao outro, fomentando um pensamento crítico sobre a estrutura social e cultural. Enfim, a escola como um espaço representativo para as identidades e expressões de gênero vai de encontro com os principais pensamentos e debates sobre a função do ensino e para um processo de ensino-aprendizagem de qualidade.

REFERÊNCIAS

ARAÚJO, D. B. Outras falas sobre gênero e sexualidade na escola. **Periódicus**, *[s. l.]*, v. 1, n. 2, p. 1-9, 2014. Disponível em: https://portalseer.ufba.br/index.php/revistaperiodicus/article/view/12874/9177. Acesso em: 20 abr. 2024.

BAPTISTA, M. T. D. S. O Estudo de Identidades Individuais e Coletivas na Constituição da História da Psicologia. **Memorandum**, Belo Horizonte, v. 2, p. 31-38, 2002. Disponível em: https://periodicos.ufmg.br/index.php/memorandum/article/view/6823. Acesso em: 20 abr. 2024.

BERNINI, L. Macho e fêmea Deus os criou?! A sabotagem transmodernista do sistema binário sexual. **Bagoas - Estudos gays**: gêneros e sexualidades, Natal, v. 5, n. 6, p. 15-48, 2012. Disponível em: https://periodicos.ufrn.br/bagoas/article/view/2326. Acesso em: 20 abr. 2024.

BICALHO, P. P. G. *et al.* (org.). **Gênero e Diversidade na Escola**: práticas transversais, polifônicas, compartilhadas, inquietas. Rio de Janeiro: Pró-Reitoria de Extensão, UFRJ, 2014. Disponível em: http://diversidade.pr5.ufrj.br/images/GDE_2.pdf. Acesso em: 20 abr. 2024.

BONA, J.; BONA, C. T. A. A cultura como mecanismo de controle: um estudo sobre a homogeneização cultural no espaço escolar. **Cadernos de Educação, Tecnologia e Sociedade – CETS**, Inhumas, v. 9, n. 3, p. 423-430, 2016. Disponível em: http://www.brajets.com/index.php/brajets/article/view/367/194. Acesso em: 20 abr. 2024

BORTOLINI, A. **O currículo não é. O currículo acontece**. *In:* BICALHO, P. P. G. *et al.* (org.). *Gênero e Diversidade na Escola: práticas transversais, polifônicas, compartilhadas, inquietas*. Rio de Janeiro: Pró-Reitoria de Extensão, UFRJ, 2014. Disponível em: http://diversidade.pr5.ufrj.br/images/GDE_2.pdf. Acesso em: 20 abr. 2024.

BRASIL. Ministério da Saúde. Secretaria de Gestão Estratégica e Participativa. Departamento de Apoio à Gestão Participativa. **Transexualidade**

e travestilidade na saúde. Brasília: Ministério da Saúde, 2015. Disponível em: https://bvsms.saude.gov.br/bvs/publicacoes/transexualidade_travestilidade_saude.pdf. Acesso em: 20 abr. 2024.

BRIGHENTE, M. F.; MESQUIDA, P.; Michel Foucault: corpos dóceis e disciplinados nas instituições escolares. *In:* CONGRESSO NACIONAL DE EDUCAÇÃO – EDUCERE, X., 2011, Curitiba: Pontifícia Universidade Católica do Paraná, 2011, p. 2390-2403. Disponível em: http://educere.bruc.com.br/CD2011/pdf/4342_2638.pdf. Acesso em: 6 jan. 2019.

BRIGHENTE, M. F.; MESQUIDA, P.; Paulo Freire: da denúncia da educação bancária ao anúncio de uma pedagogia libertadora. **Pro-Posições**, v. 27, n. 1, p. 155-177, 2016. Disponível em: https://www.scielo.br/j/pp/a/kBxPw6PW5kxtgJBfWMBXPhy/?format=pdf&lang=pt. Acesso em: 20 abr. 2024.

BUENO, A. M. O; PEREIRA, E. K. R. O. Educação, Escola e Didática: uma análise dos conceitos das alunas do curso de pedagogia do terceiro ano - UEL. *In:* II JORNADA DE DIDÁTICA E I SEMINÁRIO DE PESQUISA DO CEMAD. 2013, Londrina: UEL, 2013; p. 349-362. Disponível em: http://www.uel.br/eventos/jornadadidatica/pages/arquivos/II%20Jornada%20de%20Didatica%20e%20I%20Seminario%20de%20Pesquisa%20do%20CEMAD%20-%20Docencia%20na%20educacao%20Superior%20caminhos%20para%20uma%20praxis%20transformadora/EDUCACAO%20ESCOLA%20E%20DIDATICA%20UMA%20ANALISE%20DOS.pdf. Acesso em: 20 abr. 2024.

CAÊ, G. **Manual para o uso da Linguagem Neutra em Língua Portuguesa**. Fox do Iguaçu: Universidade Federal da Integração Latino-Americana (Unila), Frente Trans Unileira, 2022. Disponível em: https://portal.unila.edu.br/informes/manual-de-linguagem-neutra. Acesso em: 20 abr. 2024.

CÂNDIDO, R. K.; GENTILINI, J. A. Base Curricular Nacional: reflexões sobre autonomia escolar e Projeto Político-Pedagógico. **RBPAE**, *[s. l.]*, v. 33, n. 2, p. 232-336, 2017. Disponível em: https://seer.ufrgs.br/rbpae/article/viewFile/70269/43509. Acesso em: 20 abr. 2024.

CARVALHO, D. N. Representatividade no relato de si e reconhecimento do outro: transativismo e humanização multimídia transmasculina. **Revista Sociologias Plurais**, *[s. l.]*, v. 7, n. 3, p. 352-274, 2021. Disponível em: https://revistas.ufpr.br/sclplr/article/view/82261. Acesso em: 20 abr. 2024.

COORDENADORIA de Combate ao Racismo e Todas as Outras Formas de Discriminação (CCRAD); GRUPO DE TRABALHO AntiLGBTQIA+fobia do Ministério Público do Estado de Minas Gerais. **Glossário antidiscriminatório**, v. 1: Diversidade Sexual e de Gênero. Belo Horizonte, 2022. Disponível em: https://www.mpmg.mp.br/data/files/86/D7/E9/51/175B-181089C6EFF7760849A8/CCRAD%20MPMG%20-%20Glossario%20Antidiscriminatorio_%20vol.%201.pdf. Acesso em: 20 abr. 2024.

CORTELLA, M. S.; VENCESLAU, P. T. O idealizador da Pedagogia do oprimido relata passagens de sua infância e juventude. **Revista Teoria e Debate**, *[s. l.]*, ed. 17, 1992. Disponível em: https://teoriaedebate.org.br/1992/01/06/paulo-freire/. Acesso em: 20 abr. 2024.

DAMIANI, D.; DICHTCHEKENIAN, V.; SETIAN, N. O Enigma da Determinação Gonadal -O Que Existe Além do Cromossomo Y? **Arquivos Brasileiros de Endocrinologia e Metabologia**, São Paulo, v. 44, n. 3, p. 248-256, jun. 2000. Disponível em: http://www.scielo.br/scielo.php?script=sci_arttext&pid=S0004-27302000000300010. Acesso em: 20 abr. 2024.

FERREIRA, H. M.; RIBEIRO, E. A.; RAGI, T. R. A representatividade de gênero e raça: uma breve análise por intermédio de recurso audiovisual. **Cadernos de Gênero e Tecnologia**, Curitiba, v. 14, n. 44, p. 17-35, 2021. Disponível em: https://periodicos.utfpr.edu.br/cgt/article/view/12172. Acesso em: 20 abr. 2024.

FORTES, C. C. O conceito de identidade: considerações sobre sua definição e aplicação ao estudo da História Medieval. **Revista Mundo Antigo**, *[s. l.]*, ano 2, v. 2, n. 4, dez., 2013. Disponível em: http://www.nehmaat.uff.br/revista/2013-2/artigo01-2013-2.pdf. Acesso em: 20 abr. 2024.

FREIRE, Z. B.; MELO, J. A. B.; SARAIVA, L. A. P. Currículo, do prescrito ao real: a flexibilização curricular a partir do cotidiano dos educandos. Geografia, Ensino e Pesquisa, *[s. l.]*, v. 21, n. 1, p. 113-122, 2017. Disponível em: https://periodicos.ufsm.br/geografia/article/view/19364/pdf. Acesso em: 20 abr. 2024.

FURLAN, V.; LIMA, A. F.; SANTOS, B. O. A permanência no tempo e a aparência de não-metamorfose: contribuições de Ricouer e Ciampa para uma crítica da identidade. **Revista de Psicologia**, Fortaleza, v. 6, n. 2, p. 29-39, jul./dez. 2015. Disponível em: http://www.periodicos.ufc.br/psicologiaufc/article/view/2579. Acesso em: 20 abr. 2024.

GOMES, G. T.; MADEIRA, J. C. Uma breve análise de currículo formal e real: práticas educativas e a lei 10.639/03. **Revista do Lhiste**, Porto Alegre, v. 3, n. 5, p. 9-27, jul./dez. 2016. Disponível em: https://seer.ufrgs.br/revistadolhiste/article/viewFile/68552/45981. Acesso em: 20 abr. 2024.

GUIMARÃES, M.; SENA, A. G. A identidade ou representatividade de um povo interiorano: um estudo de caso do Programa Balanço Geral na cidade de Novo Repartimento a partir da notícia. **Puçá**: Revista de Comunicação e Cultura na Amazônia, Belém, ano 2, v. 2, n. 1, jan./jun. 2016. Disponível em: http://revistaadmmade.estacio.br/index.php/puca/issue/view/109/showToc. Acesso em: 6 jan. 2019.

HINING, A. P. S.; TONELI, M. J. F. Cisgeneridade: um operador analítico no transfeminismo brasileiro. **Revista Estudos Feministas**, Florianópolis, v. 31, n. 1, 2023. Disponível em: https://www.scielo.br/j/ref/a/BtLpSzcvY7BJx7t4nz6vSvC/#:~:text=Comumente%2C%20define%2Dse%20cisgeneridade%20como,o%20sexo%20designado%20no%20nascimento. Acesso em: 20 abr. 2024.

JAKIMIU, V. C. L. A construção dos papéis de gênero no ambiente escolar e suas implicações na constituição das identidades masculinas e femininas: uma dinâmica de relação de poder. *In:* X CONGRESSO NACIONAL DE EDUCAÇÃO - EDUCERE, I SEMINÁRIO INTERNACIONAL DE REPRESENTAÇÕES SOCIAIS, SUBJETIVIDADE E EDUCAÇÃO - SIRSSE. 2011. Curitiba: Pontifícia Universidade Católica do Paraná, p. 3550-3565, 2011. Disponível em: https://educere.bruc.com.br/CD2011/pdf/5289_2773.pdf. Acesso em: 6 jan. 2019.

EDUCAÇÃO NA DIVERSIDADE DE GÊNERO

LOURO, G. (org.). **O corpo educado:** Pedagogias da sexualidade. Belo Horizonte: Autêntica, 2000.

MACIEL-GUERRA, A. T.; GUERRA-JÚNIOR, G. Intersexo: Entre o Gene e o Gênero. **Arquivos Brasileiros de Endocrinologia & Metabologia,** v. 49, n. 1, p. 1-3. fev. 2005, Disponível em: http://www.scielo.br/scielo. php?script=sci_arttext&pid=S0004-27302005000100001. Acesso em: 20 abr. 2024.

MAGALDI, C. A.; MACHADO, C. S.; Os testes que tratam da representatividade de gênero no cinema e na literatura: uma proposta didática para pensar o feminino nas narrativas. **Textura,** Canoas, v. 18, n. 36, p. 250-264, 2016. Disponível em: http://www.periodicos.ulbra.br/index. php/txra/article/view/1588. Acesso em: 20 abr. 2024.

MENEZES, A. C. S.; ARAUJO, L. M. Currículo, contextualização e complexidade: espaço de interlocução de diferentes saberes. **Caderno Multidisciplinar,** v. 4, p. 33-49, 2007. Disponível em: http://www.irpaa.org/ publicacoes/artigos/artigo-lucin-ana-celia.pdf. Acesso em: 20 abr. 2024.

MENEZES, M.; BECCARI, M. N. **A Moda e a Teoria Queer:** o unissex e o gênero neutro. Dobras, n. 32, p. 212-234, 2021. Disponível em: https:// dobras.emnuvens.com.br/dobras/article/view/1374. Acesso em: 20 abr. 2024.

MIRANDA, D. **A construção da identidade do oficial do Exército Brasileiro.** 2012, p. 173. Dissertação (Mestrado em Ciências Sociais) – Programa de Pós-Graduação em Ciências Sociais, Pontifícia Universidade Católica do Rio de Janeiro, Rio de Janeiro, 2012. Disponível em: https:// www.maxwell.vrac.puc-rio.br/Busca_etds.php?strSecao=resultado&nr-Seq=21902@1. Acesso em: 20 abr. 2024.

OLIVEIRA, P. C.; CARVALHO, P. A intencionalidade da consciência no processo educativo segundo Paulo Freire. **Padeia,** Ribeirão Preto, v. 17, n. 37, p. 219-230, 2007. Disponível em: http://www.scielo.br/scielo.php?script=sci_ abstract&pid=S0103-863X2007000200006&lng=en&nrm=iso&tlng=pt. Acesso em: 20 abr. 2024.

PADILHA, V. B.; PALMA, Y. A. Vivências não-binárias na contemporaneidade: um rompimento com o binarismo de gênero. *In:* SEMINÁRIO INTERNACIONAL FAZENDO GÊNERO 11 & 13TH WOMEN'S WORLDS CONGRESS. Florianópolis, 2017. Disponível em: http://www.en.wwc2017.eventos.dype.com.br/resources/anais/1499481481_ARQUIVO_FG2017completovifinal.pdf. Acesso em: 20 abr. 2024.

PINO, N. P. A teoria queer e os intersex: experiências invisíveis de corpos des-feitos. **Cadernos Pagu,** Campinas, v. 28, p. 149-174, 2007. Disponível em: http://www.scielo.br/scielo.php?script=sci_arttext&pid=S0104-83332007000100008. Acesso em: 20 abr. 2024.

PINTO, F. C.; FONSECA, L. E. G. O currículo oculto e sua importância na formação cognitiva e social do aluno. **Projeção e Docência,** v. 8, n. 1, p. 59-66, 2017. Disponível em: http://revista.faculdadeprojecao.edu.br/index.php/Projecao3/article/view/862. Acesso em: 20 abr. 2024.

REIS, N. (Re)invenções dos corpos nas experiências da não-binariedade de gênero. **Letras Escreve**, Macapá, v. 7, n. 1, 2017. Disponível em: https://periodicos.unifap.br/index.php/letras/article/view/3092. Acesso em: 20 abr. 2024.

REIS, N.; GOULARTH, I. R. Questões de Gênero no Ensino Médio: interfaces em Sociologia, Biologia e Interdisciplinaridade. **Revista Café com Sociologia,** *[s. l.],* v. 6, n. 1, jan./abr. 2017. Disponível em: https://revistacafecomsociologia.com/revista/index.php/revista/article/view/774. Acesso em: 20 abr. 2024.

REIS, N.; PINHO, R. Gêneros Não-Binários, Identidades, Expressões e Educação. *Revista* **Reflexão e Ação,** Santa Cruz do Sul, v. 24, n. 1, p. 7-25. jan./abr. 2016. Disponível em: https://online.unisc.br/seer/index.php/reflex/article/view/7045. Acesso em: 20 abr. 2024.

RIBEIRO, M. D. Gênero e diversidade sexual na escola: sua relevância como conteúdo estruturante no Ensino Médio. **Revista Eletrônica LENPES-PIBID de Ciências Sociais** – UEL, Londrina, v. 1, n. 2, jul./dez. 2012. Disponível em: http://www.uel.br/revistas/lenpes-pibid/pages/

arquivos/2%20Edicao/MONICA%20-%20ORIENT%20%20ANGELA. pdf. Acesso em: 20 abr. 2024.

ROCHA, L. E. S. **Gestão para a educação da "ralé".** 2018. Monografia (Especialização em Gestão Escolar) – Universidade Federal da Fronteira Sul, Erechim, 2018. Disponível em: https://rd.uffs.edu.br/handle/prefix/2051. Acesso em: 20 abr. 2024.

SAMPAIO, C. M. A.; SANTOS, M. S.; MESQUIDA, P. Do Conceito de Educação à Educação no Neoliberalismo. **Revista Diálogo Educacional**, Curitiba, v. 3, n. 7, p. 165-178, set./dez. 2002. Disponível em: https:// periodicos.pucpr.br/dialogoeducacional/article/view/4921/4885. Acesso em: 20 abr. 2024.

SANTOS, G. C. Ribeiro D. **O que é lugar de fala?.** Saúde Debate, Rio de Janeiro, v. 43, n. 8, p. 360-362, 2019. Disponível em: https://www.scielo. br/j/sdeb/a/3MRGs8LXFbLmgC6J4gTLcb/. Acesso em: 20 abr. 2024.

SANTOS, J. A. Desigualdade Social e o Conceito de Gênero. **Revista Virtú - ICH**, Juiz de Fora, n. 3, 2006. Disponível em: http://www.ufjf.br/ virtu/edicoes-anteriores/terceira/. Acesso em: 6 jan. 2019.

SANTOS, M. M. R.; ARAUJO, T. C. C. F. Intersexo: o desafio da construção da identidade de gênero. **Revista da Sociedade Brasileira de Psicologia Hospitalar**, Rio de Janeiro, v. 7, n. 1, p. 17-28, jun. 2004. Disponível em: http://pepsic.bvsalud.org/scielo.php?script=sci_arttext&pid=S1516-08582004000100003. Acesso em: 20 maio 2024.

SCHLEY, C. A.; MORELL, J. C.; OFFIAL, P. C. P. Educação Formal e Não Formal. *In:* **Licenciaturas em Foco**. Indaial: Uniasselvi, 2016. p. 47-61.

SOARES, E. G.; COSTA, M. M. M. A Lei 14.164/21 e políticas públicas de prevenção à violência de gênero no Brasil. **Passagens**. Revista Internacional de História Política e Cultura Jurídica, Rio de Janeiro, v. 15, n. 3, p. 404-424, 2023. Disponível em: https://periodicos.uff.br/revistapassagens/ article/view/58501#:~:text=Lei%20n%C2%BA%2014.164%2C%20de%20 10,%C3%A0%20Viol%C3%AAncia%20contra%20a%20Mulher. Acesso em: 20 abr. 2024.

SOCIEDADE BRASILEIRA DE PEDIATRIA. Disforia de Gênero. **Guia Prático de Atualização**, n. 4, jun. 2017. Disponível em: https://www.sbp.com.br/fileadmin/user_upload/19706c-GP_-_Disforia_de_Genero.pdf. Acesso em: 20 de abril de 2024.

SOUZA, E. M.; CARRIERI, A. P. A analítica queer e seu rompimento com a concepção binária de gênero. **Revista Administrativa Mackienze**, São Paulo, v. 11, n. 3, p. 46-70, maio/jun. 2010. Disponível em: http://editorarevistas.mackenzie.br/index.php/RAM/article/view/1712. Acesso em: 20 abr. 2024.

SOUZA, I. F.; COSTA, M. C. S. Educação não binária de crianças e adolescentes e a implementação de políticas públicas para a promoção da orientação agênero. *In:* XIII SEMINÁRIO NACIONAL DEMANDAS SOCIAIS E POLÍTICAS PÚBLICAS NA SOCIEDADE CONTEMPORÂNEA & III MOSTRA NACIONAL DE TRABALHOS CIENTÍFICOS. 2017. Disponível em: https://online.unisc.br/acadnet/anais/index.php/snpp/article/view/16941/4152. Acesso em: 20 abr. 2024.

SOUZA, R. F.; GONÇALVES, A. L. V. A mesmice identitária: a (im)possibilidade de emancipação na política de assistência social. **Psicologia e Sociedade**, Belo Horizonte, v. 29, 2017. Disponível em: http://www.scielo.br/scielo.php?script=sci_arttext&pid=S0102=71822017000100405-&lng=pt&nrm-iso. Acesso em: 20 abr. 2024.

TEIXEIRA, F. L. S.; CAMINHA, I. O. Preconceito no futebol feminino brasileiro: uma revisão sistemática. **Movimento**, Porto Alegre, v. 19, n. 1, p. 265-287, jan./mar. 2013. Disponível em: https://seer.ufrgs.br/Movimento/article/view/30943. Acesso em: 20 abr. 2024.

TORRÃO FILHO, A. Uma questão de gênero: onde o masculino e o feminino se cruzam. **Cadernos Pagu**, n. 24, p. 127-152, 2005. Disponível em: https://periodicos.sbu.unicamp.br/ojs/index.php/cadpagu/article/view/8644688. Acesso em: 20 abr. 2024.

VENANCIO, M. A. P.; FARBIARZ, A. A importância da Representatividade na Cultura Pop: os casos Star Wars e Harry Potter. *In:* II INTERPRO-GRAMAS - XV SECOMUNICA - COMUNICADORES E MUTAÇÕES:

CENÁRIOS E OPORTUNIDADES, 2016, Brasília. **Anais** [...]. Brasília: Universidade Católica de Brasília, 2016, p. 58-69. Disponível em: https://portalrevistas.ucb.br/index.php/AIS/article/view/7838. Acesso em: 20 abr. 2024.

VIANNA, C. E. S. Evolução Histórica do Conceito de Educação e os Objetivos Constitucionais da Educação Brasileira. **Janus**, Lorena, ano 3, n. 4, 2006. Disponível em: http://www.publicacoes.fatea.br/index.php/janus/article/viewFile/41/44. Acesso em: 6 jan. 2019.

WACQUANT, L. Poder simbólico e fabricação de grupos: Como Bourdieu reformula a questão das classes. Tradução de Sergio Lamarão. **Novos Estudos - CEBRAP,** n. 96, p. 87-103, 2013. Disponível em: https://www.scielo.br/j/nec/a/YpYqRsNwYVYFvfQQcK7pZqw/. Acesso em: 20 abr. 2024.

ZANATTA, M. S. **Nas teias da identidade**: contribuições para a discussão do conceito de identidade na teoria sociológica. Perspectiva: Erechim, v. 35, n. 132, p. 41-54, dez. 2011. Disponível em: https://www.uricer.edu.br/site/pdfs/perspectiva/132_232.pdf. Acesso em: 20 abr. 2024.